オルタナティブ教育運動の社会学

ネットワークのダイナミズムと公共性への挑戦

藤根雅之
FUJINE Masayuki

ナカニシヤ出版

はじめに

「学校以外の学びの場」と聞いて、どういったものを思い浮かべるであろうか。多くの人にとって、すぐにそして具体的にそれをイメージすることは難しいのではないだろうか。そのようなものについてそもそも考えたこともなかったという人も少なからずいるだろう。

「学校以外の学びの場」という言葉自体は、図書館や博物館をはじめとする「社会教育施設」も含むし、塾や予備校や習い事といったものも含む。また、家庭内での教育や職場での研修などもこの言葉の範疇に含まれる。つまり現代の日本の社会において、「学校以外の学びの場」を見聞きしたり経験したりすることは決して珍しいことではない。

社会をよく見渡せば「学校以外の学びの場」は珍しくないにもかかわらず、多くの人にとってそれをすぐにイメージすることが難しいということは、「学び」やそして「教育」ということについて考える際に、「学校」という存在を抜きにして考えることが難しい社会に我々は生きているということである。すなわち、この社会において「学校」という存在は「あたりまえ」なものとなっているとも言えよう。

何をあたりまえなことをわざわざ述べているのかと思われるかもしれないが、「学校以外の学びの場」というものを通じて本書が考えたいことは、この「あたりまえ」をめぐる社会のあり方である。

二〇一六年一二月に「教育機会確保法」[1]が成立し、従来の「学校」だけでなく「学校以外の学びの場」での活動をも踏まえて義務教育の機会を人々に確保する理念が示された。そして「教育機会確保法」が制定されたことにより、「学校以外の学びの場」をめぐり、どのような子どもたちがそこを利用しているのか、「学校」のかわりとして認められるような教育を子どもたちに受けさせられているのか、そのような場を経験した子どもたちの将来の進路はどうなるのか、そのような場を認めてしまうと「国家の根幹を崩してしまうことになりかねない[2]」のではないか、といった議論が沸き起こった。

「学校以外の学びの場」という存在が社会的に大きく取り上げられるとき、それは、「学校」に行くべきと考えられている子どもが、「学校以外の学びの場」に存在することが確認、ないしは想定されたときである。つまり、「学校」というこの社会における「あたりまえ」な存在のかわりとして、すなわち「学校」の「オルタナティブ」として「学校以外の学びの場」がこの社会に表れる場合、その存在は社会的な議論を引き起こすこととなる[3]。なぜなら、「学校」が「あたりまえ」の社会において「オルタナティブ」としての「学校以外の学びの場」とは「あたりまえ」ではないからだ。

本書は、そのような「あたりまえ」ではない場を運営・実践・支援している人たちが、なぜそしてどうやってそのような「あたりまえ」ではないことをやっているのか、という点に着目する。「学校」が「あたりまえ」の社会において、オルタナティブな活動を立ち上げ日々の活動を行うということは、大きな労力を要するだろう。にもかかわらず、これらの活動はそれを担ったり支援したりする人たちの手によってこの社会に表れ、存在してきた。彼ら彼女らはなぜそのようなことに労力をかけ、どうやってその活動を行っているのであろうか。

本書は、そんな「あたりまえ」ではない人々の行為をその外側から、すなわち「あたりまえ」の枠組みから眺めて説明することから一歩踏みとどまりたいと思う。活動に関わる人たちと現場を共有し、彼ら彼女らの視点にできる限り接近しながら、そこで繰り広げられる出来事への人々の意味付けを捉

(1) 本書は、「義務教育の段階における普通教育に相当する教育の機会の確保等に関する法律」を「教育機会確保法」と表記する。

(2) 二〇二三年一〇月一七日開催の滋賀県首長会議における小椋正清・東近江市長の発言(『朝日新聞』二〇二三年一〇月二一日朝刊三五面「フリースクールは孤立防ぐ 学校に行けない悩み理解を 運営団体・保護者ら訴え」)。

(3) 図書館や博物館、塾や予備校、家庭や職場といった場は、子どもがそこで学ぶにしても、放課後や休日あるいは卒業後といった、学校で学ぶべきとされる時間とは重複しないものとして位置づけられる。つまりこれらは学校のかわりとしては想定されないことが一般的であり、学校の「あたりまえ」をめぐる議論を引き起こすことはなかなか起こらない。その一方で、例えばある公立図書館がSNSで「学校が始まるのが死ぬほどつらい子は、学校を休んで図書館へいらっしゃい」と発信した際には、マスメディアのニュースで取り上げられるなど、社会的な議論を引き起こしている(菊池 2018)。

える。そしてそこから、オルタナティブな活動が置かれている社会的な文脈のあり方を浮かび上がらせることを試みる。

そのために筆者は、関西で活動するオルタナティブスクールや居場所活動に関わる人たちのネットワーク活動にボランティアスタッフとして関わりながらのフィールドワークを行ってきた。そのフィールドワークで得られた知見をもとに本書は書かれている。

本書は、「あたりまえ」ではないオルタナティブな教育の活動を行う人たちのその活動を行う理由ややり方を分析するのではあるが、それを通じて考えたいのは、この社会や教育における「あたりまえ」についてである。

オルタナティブ教育運動の社会学　＊　目次

第1章

「教育の公共性」とオルタナティブ教育運動のネットワーク

1 「教育機会確保法」と「教育の公共性」

二〇一六年一二月に成立した「教育機会確保法」は、従来の「学校」だけでなく、フリースクール(1)や夜間中学(2)といった「学校以外の場」での学習をも踏まえて、義務教育として行われる普通教育を年齢や国籍にかかわらず日本で生活するすべての者に確保するという基本理念を示した。この法律の制定をめぐり、フリースクールや夜間中学に関する議論が政策的・社会的のみならず学術的にも沸騰し、それまで教育に関する研究において周辺部に置かれていたテーマが、従来の学校教育研究を巻き込んで学術的課題となった(3)。

これらの議論の焦点となっているのが、「すべての子どもの「教育を受ける権利」をどのように実質化していくか」(日本学術会議 2020: 5)という点である。ここで問われているのは、「教育の公共性」

(1) 国会で可決された「法律」としてではなく、行政組織内の文書である「通知」としては、一九九二年に文部省が発出した「登校拒否問題への対応について」において、義務教育段階の「登校拒否児」が「学校外の施設」で相談や指導を受けていた場合は、在籍校の校長判断で指導要録上の出席扱いにできることが示されていた。

(2) 夜間中学は学校教育法施行令第二五条、学校教育法施行規則第九条に示される「学校」の「二部授業」に位置づけられるため「学校」の範疇に含まれるとも考えられるが、「教育機会確保法」の立法プロセスが始まる二〇一四年頃まで政府による整備は十分に行われてこなかったと指摘されている(江口 2016; 添田 2018)。また、法令に基づかず市民によって運営される自主夜間中学の活動も展開してきた。

と呼ばれてきた課題である。「教育機会確保法」の成立を受けて提言を出した日本学術会議の分科会委員長であった志水宏吉は、「教育の公共性」を「学校教育は、国がつくった、みんなのためのものである」（志水 2015: 560）という言葉で表し、「学校教育は、本当にみんなのためになっているだろうか」（志水 2015: 560）とその課題を問うている。

そこで論点とされるのは、教育制度における自由を拡大することによる「分断」の問題の扱いである。家庭の経済状況等にかかわらずすべての「国民」に共通の教育を行う従来の「一条校」[4]を拒否してそれ以外の教育を選択する自由を認める教育政策においては、特定の教育を求める同質的な子どもや保護者がある一つの教育活動に集中し、お互いに異質で多様な者同士が出会い共通のカリキュラムで学ぶという、近代国民国家において重要とされる「統合」（宮寺 2014: 130–133）が難しくなるという問題が指摘される（大桃 2001）。

この問題は、「教育機会確保法」の議論が起こる以前から、特に一九八〇年代頃からの日本の「教育改革」における公教育の「自由化」「多様化」と呼ばれる事態をめぐっても議論されてきた。その議論においては、多様な教育が認められてしまうことにより、公教育の機能の一つである社会統合の弱まり、すなわち「教育の公共性の揺らぎ」が引き起こされているという批判が出されてきた（藤田 1997b, 2005; 市川 1995, 2006）。

この制度設計における課題を「教育機会確保法」の成立を踏まえて論じる後藤武俊は、子どもたちの教育に対する「多様なニーズ」を「選好充足（よりよいものを選びたい）要求」と「切実な（求めざるを得ない）要求」に区別することを提案する（後藤 2020: 92）。そして後者の要求に対応する「より基底的な生活・生存へのニーズに直接的に応じているような活動」を「生活・生存保障の公共性」として捉え、公的な支援の対象とすることを提言している。[5]（後藤 2019: 50）

これは、多様な教育機会の確保を教育と福祉の組み合わせによる権利保障の実践と位置づけ、その意義を見出す議論に通じる考えである。[6]「教育機会確保法」が成立して以降、従来の学校教育から排除されがちな者に教育を受ける機会を提供し、すべての子どもたちを教育システムに包摂するために、

（3）日本教育学会の『教育学研究』（二〇一八年第八五巻第二号）では「「学校」を超える」と題した特集が組まれ、「教育機会確保法」やそれをめぐるフリースクールや夜間中学に関する論稿が掲載され、同学会大会（二〇一八年第七七回）では「義務教育を問い直す――「教育機会確保法」の成立をふまえて」と題した課題研究のシンポジウムが開かれた。また、日本学術会議心理学・教育学委員会排除・包摂と教育分科会（2020）は、「教育機会確保法」の成立を受けて法律の理念をいかに制度として保障していくかに向けての提言を出した。

（4）学校教育法第一条で定められる組織。教員の免許状、カリキュラムの基準、教科書の内容などに、原則として法令に基づいた国家の基準で規制がかけられている。国民の教育を受ける権利の保障と保護者に課せられる就学義務（日本国憲法第二六条）は、「一条校」への就学によってのみ履行したことになるとみなされている（学校教育法第一七条）。大桃敏行は「一条校」が核となる日本の教育を受ける権利の保障の仕組みを「日本型公教育制度」と呼んでいる（大桃 2020）。

（5）学校外の多様な教育を「選好充足要求」に応じるものと「切実なニーズ」に応じるものとで区別し後者のみを公教育制度の制度設計において議論の範疇に含めるべきであるという後藤の主張は、教育の「多様化」を「教育の公共性のゆらぎ」だと批判する藤田英典によっても、人々のニーズや要求を自由権と社会権とに区別し後者のみを公的な支援の対象とすべきという主張として示されている（藤田 2005: 164, 170）。

多様な教育機会の活用が期待されるようになった（日本学術会議 2020）。つまり、「教育機会確保法」の成立後は成立以前と異なり、オルタナティブ教育は「教育の公共性」の確立・維持に活用できる存在として評価されるようになった。

ここで考えたいことは、「教育の公共性」という言葉の捉えられ方である。公教育・義務教育・学校教育をめぐって「教育の公共性」が論じられる際の「公共性（publicness）」とは、公教育が有するべき性質を指すことが多い（藤田 1997b, 2005; 広田 2009; 市川 1995, 2006; 志水 2015 など）。しかしながら、公共性とは、全員に同じものが国から提供されているかどうかだけを指す概念ではない。政治哲学などの領域において、公共性は複数の存在が抗争も含んだ相互交渉をしあう関係の中で、そのいずれかが周辺化や排除されることに抗するところに成立すると論じられている（齋藤編 2010）。「国家によるみんなのためになる共通のもの」としての公共性だけでなく、様々な存在が参画し討議と省察といったデモクラシーを通じて達成する言説の空間としての「公共性（public sphere）」を捉える必要がある（齋藤 2000）。(7)

公共性という概念をこの観点から捉え直せば、「教育機会確保法」と「教育の公共性」に関する議論には、学校教育制度の再編成を迫る「問題」がいかなるプロセスを経て可視化されてきたかについての視点が十分ではないと指摘できる。社会における「問題」というものは、様々なアクターによる「これが「問題」である」という主張が繰り広げられるプロセスを経て、社会的に構築されるものと捉えられる（Best 2017=2020; Spector and Kitsuse 1977=1990）。つまり、制度設計が応じる「問題」とは、研究者によって発見されることを待っている客観的な存在として「ある」だけではなく、「何が「問題」か」をめぐる種々のアクターのディスカーシブな相互作用を経て、ある主張が「問題」としてみなされるように「なる」のである。後藤自身が論稿の注で述べているように、後藤の提言には「何が「選好充足要求」であり、何が「切実な要求」であるのかを明確に区別できるのか、という問題」（後藤 2020: 108）がある。[8] まさにこの問題をめぐってのプロセスに着目する余地が存在する。

本書がそこに着目する理由は、「教育機会確保法」が成立した背景には、フリースクールをはじめとするオルタナティブスクールや夜間中学といった、従来の公教育の領域から周辺化された教育活動に関わる者たちによる立法活動があったという点を踏まえるためである。「不登校」や「学齢超過」といった「問題」は、客観的に存在していて、それを教育諸科学の研究者がある日突然発見したというだけのものではない。フリースクールや夜間中学と呼ばれる活動に関わっていた人たちが、日々の教育や居場所の活動を通じて向き合ってきた事柄を「問題」として取り上げ、社会としてその「問題」に応じるべきだと主張してきたプロセスがある。これらの社会運動と呼べるプロセスを経て社会の

---

(6)　武井哲郎は、フリースクールなど多様な教育機会を提供する活動を、教育だけでなく福祉の観点からも考察し、貧困など経済的に厳しい家庭環境にある子どもの「切実な要求」に向き合う実践の特徴を分析している（武井 2016; 2021）。

(7)　この意味での「公共性」を指す場合は「公共圏」という言葉で訳されることもある（齋藤 2000）。

(8)　自由権ではなく社会権へ対応するフリースクールのみを公的支援の対象に含めるべきと主張する藤田も同様に、「その正当性の判断は必ずしも容易ではないにしても」（藤田 2005: 170）と述べている。

「問題」が構築され、その帰結の一つとして、その「問題」に対応する形での法律が策定された。「教育機会確保法」の成立を受けて沸き起こった教育研究の多くが、従来の学校教育の範疇外にあった諸実践が公教育の一部として認識されるようになってきた事態を受けて、公教育をいかに再編すべきかという観点から行われてきた。それに対し本書は、制度設計や価値判断といった観点から一度立ち止まり、「教育機会確保法」が成立する以前の一部の市民による立法活動が進められていた時点において、その諸活動に何らかの形で関わる者たちの間で社会運動と捉えられる集合行為がいかに構築されてきたのか、渦中にいる者たちの意味世界からそのプロセスに着目する。そして、その分析によって得られた知見から「教育の公共性」をめぐる議論を問い直すことを試みる。

2　現代日本のオルタナティブ教育運動

本書が分析対象とするのは、「教育機会確保法」の立法が進められていた時期に活動していたオルタナティブ教育運動である。「オルタナティブ」とは、「主流」や「普通」や「既存」に対置される形での「そうではないもの」や「かわりになるもの」を指す相対的な概念である(9)。そのため、オルタナティブ教育が指すものは、メインストリームの教育のあり方や捉え方によって変わる（永田 2005: 38）。現代の日本において、メインストリームの教育とは、学校教育法第一条で定める「学校」を指すことが主流であろう。しかしそのメインストリームの教育が「多様化」されていると言われて久しい（藤田 1997b, 2005; 市川 1995, 2006)。メインストリームのあり方における変容や多様化が確認される現代の日本において、オルタナティブ教育の本質的な定義を想定することは現実的ではないと考える(10)。

その一方で、「教育機会確保法」の議論をめぐり、一定の層を形成するものとしてオルタナティブ教育の活動は社会的に認識された。すなわち、オルタナティブ教育の定義を示して対象の範囲を確定することは難しいが、社会運動として認識されうる一定の集合行為としてその存在を捉えることは可能である。本書の分析対象はそのような存在としてのオルタナティブ教育運動である。

一定の集合行為としてオルタナティブ教育運動を捉えるために、永田佳之による二〇世紀後半以降の日本のオルタナティブ教育運動の三つの潮流の整理を参照する(永田 2005: 6–7)。一つは不登校の受け皿としての実践であり、フリースクール運動と称されている。二つ目は「子ども中心」と特徴づけられる教育理論や実践に触発される形で発展してきた民間の教育運動である。三つ目は公設民営の

(9)『ウィズダム英和辞典第4版』において「alternative」は、形容詞として「《今あるものとは》別の、それに代わる」や「(伝統的基準・方法と対比して)普通とは違った、新しい、型にはまらない」といった意味で説明されている。

(10) 例えば、オルタナティブ教育を、主流の学校教育から一定の距離をとり様々な実践者が独特の実践を展開する、教育や学習保障の活動ならびに居場所として学齢期の子ども・若者を受け入れる活動といったように、操作的に定義づけることもできるかもしれない。たしかに、この定義を示したほうが、対象とする事象についての具体的な想定をもって本書を読み進めることは可能かもしれない。しかしながら、「一定の距離」や「独特の実践」といった言葉を使ってでしか示すことはできず、相対的なものであるという説明しか成り立たない。

「新たな公立学校」をつくり出そうとする市民活動である。

一九八〇年代以降の日本のオルタナティブ教育運動の中心を担っており、先行研究や政策上の議論においても中心的に取り上げられてきたのが、一つ目の潮流である不登校の子どもたちの保護者の運動ならびにそこから展開したフリースクール運動である。

学校基本調査における長期欠席児童生徒数がそれまでの減少から増加に転じた一九七〇年代半ば以降、「経済的理由」や「病気」を理由としない「不登校」が社会問題、教育問題として語られるようになる。不登校の子どもたちの保護者の運動は、そのような状況の中で立ち上がる。不登校を「病気」「本人の性格傾向」「家庭での育てられ方」に要因があるとみなし、治療や矯正の対象とする支配的な言説、実践に対抗して、不登校の子どもたちの保護者によって「親の会」が結成され、「登校拒否は病気じゃない」といった「異議申し立て」活動が行われることになる（朝倉 1995: 47–81）。

親の会の活動の展開から立ち上げられるのが「学校外の居場所」（朝倉 1995: 68）、後に「フリースクール」と称する／称される活動である（貴戸 2004: 60）。社会運動としてのフリースクールは、「学校に行くべき」という規範を問い直し、「不登校は選択である」（貴戸 2004: 57–58）、「学校に行かないで生きる生き方もある」（樋田 1997: 195–197）といった不登校を人権の観点から捉え直す主張を展開した。

二点目の潮流は、現在ではシュタイナー学校、[11] デモクラティックスクール・サドベリースクール、[12] フレネ教育[13]をベースにする学校などとして活動している。[14] それらの多くは、明示的には「不登校児童生徒への支援」といった問題関心には基づいていない傾向にある。また三つ目は、一九九九年からの

「日本型チャータースクール[15]」の構想をめぐる議論で、特に「湘南に新しい公立学校を創り出す会」の活動として注目された（黒崎 2004）。佐々木洋平による活動の記録（佐々木 2001）や、黒崎勲による「日本型チャータースクール」をめぐる立法活動のプロセスの分析（黒崎 2004）が残されている。

本書は、これまでこのように異なる潮流にあると整理されてきたオルタナティブ教育運動が、ネッ

（11） ドイツの思想家ルドルフ・シュタイナーの教育思想をもとにした教育実践を行うオルタナティブスクール。日本では、一九八七年に「東京シュタイナーシューレ」（現在の「学校法人シュタイナー学園」）が始まり、二〇一三年から「日本シュタイナー学校協会」が活動している。

（12） 一九六八年にアメリカ合衆国マサチューセッツ州でダニエル・グリーンバーグらによって設立された「サドベリー・バレー・スクール」の教育方針をモデルにしたオルタナティブスクール。日本では、「デモクラティックスクールまっくろくろすけ」が一九九七年から活動をスタートさせている。

（13） フランスの教育者セレスタン・フレネの考えをもとにした教育実践。日本では「フレネ教育研究会」が一九八三年から活動している。

（14） シュタイナー学校についてはNPO法人京田辺シュタイナー学校（2015）などが、デモクラティックスクール・サドベリースクールについてはデモクラティック・スクールを考える会（2008）などが、フレネ教育などを中心に据えたオルタナティブスクールについては辻・藤田・守安・中尾（2013）などが、それぞれ実践者や保護者、学習者などの立場から活動の記録を記している。

（15） 「チャータースクール」とは、個人や団体が開設を申請し、自治体等の認可（チャーター）を得て公的資金によって運営される学校の制度を指す。一九九〇年代からアメリカ合衆国でミネソタ州を皮切りに導入された。日本での同様の制度の実現を目指して「湘南に新しい公立学校を創り出す会」（一九九七年設立）や「日本型チャータースクール推進センター」（二〇〇一年設立）などが活動を行った。現在はどちらの団体も活動を終了している。

トワークという形で一つの社会運動と呼べる動きを構築していることに着目する。一つ目の潮流であるフリースクール運動が中心になり、他の潮流と合流し二〇一二年に「多様な学び保障法を実現する会」（以下「実現する会」）を結成して「学校教育のみでなく多様な教育を認め、公的に支援する道を仕組みとしてつくり、子ども・親が選べるようにする」（奥地 2017: 19）ことを求めた。これが二〇一六年一二月に成立した「教育機会確保法」をめぐる、オルタナティブ教育関係者による立法活動である。[16]

3　オルタナティブ教育運動内の複数性とダイナミズムへの着目

「実現する会」は、公教育の外部に位置づけられてきたことに異議を申し立て、教育機関としての正当性と財政支援を政府に要求する運動を展開した。そしてその運動が「分裂」「対立」状況を引き起こしたと指摘されている（南出 2016; 山本 2016; 横井 2018）。これらの「分裂」の分析を踏まえて、「不登校・フリースクール関係者の間においても、十分な議論や合意形成が得られないまま、法制度化をめぐる運動だけが進んでいた」（南出 2016: 77）、「互いにラベリングや悪魔化を行うことで、左派諸陣営の差異の前提にある「子どもの権利」保障という共通前提の再確認やそれによる連帯が阻害されている場合さえあるように思われる」（山本 2016: 14）、「フリースクールが不登校当事者全体に影響を及ぼすような法制度改革を推進しようとしたために批判が生じた」（横井 2018: 192）といった批判がなされている。

しかしながらこれらの先行研究は、メディア上に現れる言動といった運動の可視的な側面のみを分析したものである。それらに対し本書は、オルタナティブ教育に関わる者たちは、メディア上の発言やロビー活動だけを行っているのではないという前提に立つ。そこに登場する運動の「主導者」だけがオルタナティブ教育を担っているのではない。筆者らが二〇一五年に行った全国のオルタナティブスクールへの調査によると、法律上どのような扱いを受けたいかについての回答において（n = 203）、「法律では位置づけられたくない」という回答が二一％、「新たな法律で位置づけられたい」が四〇％あったのに対し、「その他、わからない」との回答が二七％あった（藤根・橋本 2016: 92–3）。つまり、「教育機会確保法」に関して「フリースクール業界」は全員賛成しているというのでも、それをめぐって賛成派と反対派に「分裂」しきったと単純化できるのでもない。オルタナティブ教育に関わる層の中には、明確に意見を表明しない／できない人々も多く存在し、それらが複合的に関わり合っていることが推察できる。つまり、「実現する会」がメディア上で表明する一つの一貫したイデオロギーに同一化した者が運動に賛同し、同一化しない者が分裂したと捉えることは妥当ではない。

本書は、メディア上での主張や議会・行政に対する申し立てといった運動の可視的な側面ではなく、潜在的な側面に着目する。オルタナティブ教育運動を支え、あるいは批判的に関わるなどして、また

(16)「教育機会確保法」の立法過程をめぐってのオルタナティブ教育関係者の動向については高山（2019a; 2019b）が詳しい。また、馬場（2016）が関係する論者の主張や関連する資料等を整理している。

あるいは意見表明は明確には行わずに日常的な教育や居場所の活動に参加するという形で、大きく捉えると運動の一部として位置づけられる個々人間の相互作用を分析対象とする。そこを経験的に見なければ、討議や合意形成を経ての連帯を目指す上での、具体的な障壁やそれに対する方略を実証的に分析すること、すなわち「公共性」について論じることは不可能であり、机上の空論や根拠なき理想論に終始してしまう。

本書が直接的に分析する対象は、可視的な活動の背後にあり、メディア上や議会や行政との関係においては現れてこない、オルタナティブ教育の関係者たちによるネットワーク活動である。本書は、「教育機会確保法」の立法を進める動きだけでなく、それを批判するあるいは立法についての意見表明から距離をとる実践や関係者も含めて、オルタナティブ教育に関与する者たちが構築するものとして、現代日本のオルタナティブ教育運動を捉えていく。

本書が夜間中学ではなくフリースクールをはじめとするオルタナティブ教育運動を、そして「実現する会」ではなく関西でのネットワーク活動を分析対象とする理由がここにある。「教育機会確保法」をめぐる夜間中学とフリースクールの議論で最も大きな違いとなったことの一つは、「分裂」の指摘の有無である。上述のようにオルタナティブ教育の運動に関しては「分裂」が指摘されたのに対し、夜間中学に関しては筆者の把握する限りではあるが、オルタナティブ教育の運動に関してなされたほどの指摘はない(17)。また立法に反対する立場からも夜間中学に関する内容だけは通すべきといった意見が出された(18)。すなわち、立法プロセスにおける葛藤が、夜間中学をめぐる議論よりもオルタナティブ教育運動をめぐる議論のほうに大きく表れた。抗争や葛藤を伴う相互作用として「公共性」を捉える本書の事例として、オルタナティブ教育運動を取り上げることが妥当と考える。

また調査概要の説明で詳しく述べるが、先行研究の多くが東京に事務局が置かれた「実現する会」を分析対象としたのに対し、本書は関西で活動するオルタナティブ教育の関係者によるネットワーク活動を分析対象とする。マスメディアの中心機関や国会が地理的に近く可視的な側面における大きな動きがあった「実現する会」と比べて、関西ではメディアでの発信やロビー活動は大きくは展開しなかった。しかしながら、都市部としての人口基盤や交通網はあり、複数の立場が集まり相互作用を繰り広げる基盤は存在していた。こういった地理的な特徴を踏まえ、「公共性」を論じる上で関西のオルタナティブ教育に関わる人たちのネットワークを分析することに意義があると考える。

(17)　「全国夜間中学校研究会」の大会等において法制度化を求めることをめぐる論争が行われてきたことは示されている（江口 2016; 添田 2018）。しかしながら、二〇一五年五月に当時の議員連盟の座長であった馳浩による法律の試案が示されてからは、フリースクールに関してはそのタイミングから反対意見の表明が大きく沸き起こり「分裂」とみなされたのに対し（南出 2016; 山本 2016; 横井 2018）、夜間中学に関する反対意見はそれほどまでには表れなかったと、筆者は把握している。

(18)　「不登校・ひきこもりを考える当事者と親の会ネットワーク」が二〇一五年一一月二一日に「超党派フリースクール等議員連盟立法チーム」宛に提出した「『義務教育の段階に相当する普通教育の多様な機会の確保に関する法律案』国会上程に対する反対要望書」において、当時示されていた法律案に対し、「白紙にもどす、もしくは夜間中学のみの法案とする」ことが要望として示されている。

4　本書の構成

第2章では、本書の主題である「教育の公共性」に関する議論を整理し、本書の問いが、オルタナティブ教育運動の構築プロセスにあることを示す。第3章で分析の枠組みと調査の概要を示し、第4章から第7章で調査に基づいた議論を行う。

第4章と第5章では、オルタナティブスクール同士がそれぞれの教育・居場所活動を行う上で協力し合うためのネットワーク活動を事例に取り上げる。第4章では、それぞれ異なる活動の理念を掲げる団体同士が連携を構築する技法を明らかにする。第5章では、そのつながりを開きながらネットワークの活動を継続していく上でのプロセスを分析する。

第6章と第7章では、オルタナティブスクールの関係者が協力して開催する一般向けイベントの実行委員会を事例として取り上げる。第6章は、複数の意見から社会運動としての共通の目標を設定するプロセスを分析する。第7章では、運動に参与するアクターがオルタナティブ教育運動に関わろうと考える必要性の語りを分析し、それぞれ異なる経験を持つアクター同士がオルタナティブ教育運動という実践を共に構築するプロセスを明らかにする。

最後に第8章で、本書から得られた知見をまとめ、そこから「教育の公共性」をめぐる議論やオルタナティブ教育に向けられる議論に対する示唆を論じる。

第2章

「教育の公共性」とはなにかをめぐって

1　「あたりまえ」を再生産する学校教育

公共性というのは、それが社会の再生産と存続を保障する基本的な営みだということをさす。
（藤田 1996: 82）

これは、教育社会学者である藤田英典による「公共性」の説明である。社会には文化や制度と呼ばれるものが存在する。人々はその文化や制度に依拠しながら日々の行為を行い、かつ人々の行為がその文化や制度を成り立たせる。社会は確固たる物体として存在しているのではないが、人々はその存在を前提として生活している。人々が前提とする社会のあり方とは、その社会において「あたりまえ」とみなされる事柄である。「あたりまえ」なことなので人々はそれに依拠して生活することをよしとみなすし、人々がそれに依拠して生活することをよしとみなすのでそのあり方が社会の「あたりまえ」として成り立つ。

社会の再生産・存続のためには、すなわち社会の「あたりまえ」が「あたりまえ」に成り立ち続けるためには、この社会を生きる人々がその社会の「あたりまえ」を共有し、その「あたりまえ」に依拠しながら日々の行為を「あたりまえ」に行い続ける必要がある。それにおいて重要とされてきたのが学校教育である。

学校教育は、社会の「あたりまえ」を社会の次世代の構成員である児童・生徒・学生に教える。その社会の「あたりまえ」とみなされる事柄を獲得した者が「能力がある」とみなされ、選抜・配分されて社会で重用される。そしてそれとともに、社会の「あたりまえ」はそれが「あたりまえ」であるとして次世代に引き継がれ、社会の「あたりまえ」は再生産される。これらを学校教育の本源的な特徴とする捉え方が「教育の公共性」である（藤田 2005: 84-85）。

学校教育における様々な活動の「あたりまえ」なあり方は、この社会の「あたりまえ」を再生産するという、学校教育の本源的な特徴の上に成り立つ。社会において「あたりまえ」とみなされる共通の知識、つまり「国民社会・産業社会を基盤」とした「正統で有用な知識＝学校的知識」（藤田 1999b: 181）を子どもたちに獲得させることを権利保障であるとして、すべての「国民」にその機会を確保する営みとして学校教育は制度化されてきた。この営みを達成するために、学校教育は規律と秩序を形成し維持することを前提としかつ目的とし、児童・生徒・学生がその規律と秩序に従属・同調・同意することが期待されているので（藤田 1999b）、学校教育のあり方は画一的で強制的であることが「あたりまえ」となる。

学校教育の「あたりまえ」が基盤とする社会の「あたりまえ」は、現代の日本では「国民社会・産業社会」（藤田 1999b: 181）すなわち「国民国家」と「資本主義経済」である。学校教育の「あたりまえ」なあり方にすべての「国民」を従わせることで「国民国家」と「資本主義経済」を「あたりまえ」とする社会を再生産するという「教育の公共性」に対し、価値観の多様化や保護者や子ども本人に教育や学習の自己決定権があるという意識の高まりは「教育の私事化」とみなされる（藤田 1993）。「教育の私事化」によって、社会の「あたりまえ」やそれを基盤にする学校教育の「あたりまえ」の営みの独占性と正当性が低下させられている事態が、「教育の公共性の揺らぎ」として危険視される（藤田 2005: 82）。

2　「あたりまえ」がはらむ問題とそれへの問い直し

「国民国家」と「資本主義経済」を基盤とした学校教育の「あたりまえ」の営みの独占性と正当性を揺るがした要因の一つが、フェミニズムやポストコロニアリズム、マルチカルチュアリズムをはじめとする、様々なマイノリティの視点を取り入れたポストモダン的諸研究の隆盛である（藤田 1992）。学校教育の「あたりまえ」の独占性と正当性を前提とすれば、その営みにコンフリクトは存在しないと考えられる。学校教育は「共通性・同質性と自然的な絆によって、利害を伴わない関係として結合されて」（藤田 1993: 23）おり「成員の間に愛着の情を喚起する力」（藤田 1993: 23）をもつ共同性の次元に位置するものとみなされる。

それに対し、志水宏吉は「そのユートピア的イメージは、それが実際に果たしている冷徹な社会的機能を見えなくする役割を果たしてきた」（志水 1996: 66）と批判を示す。その日本の学校の「冷徹な社会的機能」とは「同化」と「排除」の機能である。国民国家において「あたりまえ」とみなされる価値観や生活様式といった共通の文化にすべての「国民」を「同化」させるために、日本の学校では学習の内容や学ぶ方法やそのスピードだけでなく、食事のとり方や掃除の仕方、服装、髪型、持ち物のあり方などについて、「みんなが同じでなければならない」という考えが重んじられる（志水 1996: 73-74）。

この「みんな一緒のイデオロギー」（志水 1996: 74）のもとに、学校に通う子どもたちの社会的背景は脱色される。「障害者」や「部落や在日の生徒たち」（志水 1996: 68）といった「国民」として「あたりまえ」とみなされる価値観や生活様式とは異なる社会的背景や特徴を有する子どもたちは、学校教育とそれが対応する社会の「あたりまえ」に適応できない子とみなされる。学校と社会の「あたりまえ」にそぐわない者を個人の能力や努力の欠如の問題とみなし、「異質」なものとして扱い「排除」することを通じて学校の「あたりまえ」は成り立ち、そのなかでの「国民」の「同化」が達成される（志水 1996:66-75）。

また、学校教育が再生産する「あたりまえ」な社会のあり方には、様々な問題も含まれる。社会に「あたりまえ」に存在する不平等や差別の問題も、学校教育の様々な側面を通じて、社会の次世代のメンバーである児童・生徒・学生にそれが「あたりまえ」であると引き継がれる。ジェンダーの観点で捉えると、社会には性別に基づく不平等や差別が存在する。[1] 木村涼子は、学校教育システムがジェンダー秩序の形成に大きな役割を果たしてきたことを指摘している（木村 2000）。つまり、このような社会の秩序も、学校教育がそれを基盤とすることで「あたりまえ」として維持され再生産される

（藤田 1999a: 54）。社会の「あたりまえ」を再生産する機能として学校教育を位置づけると、この不平等な社会の「あたりまえ」に対応する学校教育の不平等な組織原理は「合理的」だとみなされる。

それに対して、不平等に構築された社会秩序と学校教育の対応を批判的に指摘してきたのがジェンダーの視点やフェミニズムの立場からの研究である。その批判は、「男性および女性はいかにあるべきか、女性と男性の関係はいかにあるべきかを」「その制度・組織・カリキュラム・日常の指導などあらゆる側面を通じて構成・伝達し、近代社会に適合的な男性人材・女性人材を輩出していった」（木村 2000: 304）学校教育の役割に向けられてきた。この指摘で重要なのは、児童・生徒・学生に「あたりまえ」を引き継がせるプロセスが学校教育の「あらゆる側面」でなされていることと、「あたりまえ」として引き継がれるのが「近代社会に適合的な男性人材・女性人材」としての生き方であることである。

「あたりまえ」の伝達は、「学習指導要領[2]」や「生徒指導提要[3]」などフォーマルに明示されたカリキ

（1）　世界経済フォーラムが公開する日本のジェンダーギャップ指数では、特に経済と政治の分野における男女の格差の大きさが明らかにされている。二〇二三年の結果では、日本のジェンダーギャップ指数は〇・六四七で（〇から一の値をとり、一が完全平等、〇が完全不平等を指す）、一四六カ国中一二五位であり、経済分野における指数は〇・五六一で一二三位、政治分野における指数は〇・〇五七で一三八位である。

（2）　文部大臣・文部科学大臣の「告示」として示され、法定拘束力があるとみなされる学校教育のカリキュラムの基準である。中学校の技術・家庭や高等学校の家庭科や保健体育における目的や内容、必修単位数等は、一九八九年の改定まで性別によって分けられていた。

ュラムだけでなく、また入試での性別に基づく点数操作[4]といった発覚すればあからさまに不当とみなされる仕組みだけでなく、学校教育の細々とした「あたりまえ」の慣習や儀式といった「隠れたカリキュラム（hidden curriculum）」を通じてもなされる（木村 1999: 28–39; 笹原 2003）。ランドセルや習字道具入れなどの持ち物の色や、服装や髪型、行事や活動の際の整列の仕方、教師から児童・生徒・学生への呼びかけ方（「○○さん」と呼ぶのか「○○君」と呼ぶのか）や進路指導や生徒指導の仕方など、「女子」を前提としたあり方と「男子」を前提としたあり方が異なる形で学校教育の「細々とした」日常活動がなされる。また、一人ひとりの教師が伝えたいか否かにかかわらず、学校段階が上がるにつれて教員の男性割合が高くなり校長など管理職は圧倒的に男性が占めているという学校教育[5]の「あたりまえ」の中で過ごすことを通じて、児童・生徒・学生に性別によって役割や社会的地位に序列があるという社会の「あたりまえ」が示される。そのなかで「女らしさ・男らしさ」の「あたりまえ」は児童・生徒・学生に伝わる。

児童・生徒・学生に伝えられる社会の「あたりまえ」は、労働市場を中心とした社会の「あたりまえ」である（木村 1999: 40–43）。勤勉な労働者として活躍することが「あたりまえ」にできる男性人材と、その男性人材を家庭で支えながら状況に応じて労働市場でも活躍することが「あたりまえ」にできる女性人材という生き方が、社会の次世代に「あたりまえ」だと伝えられ、不平等や差別が存在する社会の「あたりまえ」が再生産される。

社会や学校の「あたりまえ」を問い直すポストモダン的諸研究は、マイノリティの子どもたちと社会の支配文化との間に立ちながら彼ら彼女らの生活のセーフティネットとなろうとする学校の取り組みや（高田 2019）、学校における固定的な性役割分業を敏感にそして批判的に捉えながら社会における性差別の撤廃を目指す教育実践へとつながっている（木村 2005; 寺町 2021）。これらは、社会構造の再生産のプロセスにおけるコンフリクトという視点から、学校の中で学校の「あたりまえ」を問い直す運動としての教育実践という特徴を有する。

3　学校教育の中で「あたりまえ」を問い直す困難

社会構造の再生産におけるコンフリクトという視点の研究は、従来の学校教育内だけでなく、学校教育から周辺化された多様な教育に関する研究においてもなされてきた。その観点からなされる議論

（3）二〇一〇年に「生徒指導に関する学校・教職員向けの基本書」として文部科学省が示した文書。二〇二二年に改定されるまで「性役割の獲得」が生徒指導に必要な事柄として示されるなど、児童・生徒の性別に基づいて区別された生徒指導のあり方が基本とされていた。

（4）文部科学省「医学部医学科の入学者選抜における公正確保等に係る緊急調査の最終まとめ」二〇一八年より。

（5）令和五年度学校基本調査の結果によると、学校段階ごとの教員の女性割合は、幼稚園（幼保連携型認定こども園を含む）九四・二％、小学校六二・六％、義務教育学校五四・二％、中学校四四・六％、中等教育学校三五・七％、高等学校三三・四％、大学（短期大学を含まない）二七・二％である。また、学校段階ごとの校長・副校長（園長・副園長）の女性役割は、幼稚園（幼保連携型認定こども園を含む）六七・二％、小学校二七・三％、義務教育学校二一・九％、中学校一一・九％、中等教育学校八・九％、高等学校一〇・六％である。

は、従来の学校内での「あたりまえ」を問い直すことの困難から出発している。

この困難を学校教育内の諸実践の経験的な分析から指摘しているのが武井哲郎である。武井は、「開かれた学校」と呼ばれる実践における、地域住民などによる学校を支援するボランティアの位置づけられ方や、彼ら彼女らの葛藤をフィールドワークによって調査した。武井が注目するのは、「一斉共同体主義」（恒吉 1996）や「みんな一緒のイデオロギー」（志水 1996: 74）と指摘されるような、子どもたちの同質性を「あたりまえ」とし、「遅れている子」「できない子」を可視化し序列を顕在化する学校の「あたりまえ」のあり方の中で、障害児が周辺に追いやられる問題である。武井はその問題を考える上で、教室での学習指導等に関わるボランティアの役割に着目し、障害児を劣位に置き周辺化する学校の「あたりまえ」のあり方に対して、ボランティアの参入がその構造を崩すことにつながるような異議申し立てである「アドボカシー」を可能にするのかを、綿密なフィールドワークによって検討した(6)。武井が指摘するのが学校教育における教師とそれ以外のアクターの非対称性である。ボランティアによるアドボカシーは、特定の子どもたちを排除する学校の「あたりまえ」を揺るがし問い直す上で重要なのだが、「自身が専門性を発揮しようとする領域まで介入されることを教師が快く思わなければ、ボランティアの協力を拒否することもできる」（武井 2017: 268）という問題がそこに存在すると指摘されている。

この武井が指摘する問題を考える上で重要な理論が、ナンシー・フレイザーによる「対抗的な公共性（counter publics）」である。フレイザーはこの理論枠組みから、社会の「あたりまえ」を無批判に大前提とする「単一の、包括的で、全体を覆うような公共性」（Fraser 1993=1999: 137）の考えに対して以下の批判を示す。

平等主義的で多文化的な社会における公共生活は、単一の包括的な公共圏においてはまったく存在することができない。これは、全体を覆うような単一のレンズをとおして、多様なレトリックや文体で飾られた規範をフィルターにかけるのに等しいだろう。しかも、純粋に文化的に中立なレンズなどありえないのだから、ある文化集団が表現する規範を他の集団に対して効果的に特権化し、それによって討議の同化作用を公共の場における議論に参加する条件にするのである。結果としてもたらされるのは、文化多元主義の消滅だろうし、同じく社会的な平等の消滅だろう。
（Fraser 1993=1999: 142）

フレイザーは「対抗的な公共性」を「従属的な社会集団の構成員が自分たちのアイデンティティ、利害関心、要求をめぐってそれを覆すような解釈を定式化する対抗的な討議を考え出し、流布させていく同時並行的に存在する討議の舞台」（Fraser 1993=1999: 138）であり、「一方は、撤退と再編成の空間

（6）武井は、ボランティアがアドボカシーを行う際に当事者の代弁をする行為における非対称的な権力関係の問題を捉えることも重要であると指摘し、ボランティア自身の考えや信念が問い直され葛藤を経験することについても分析している。

として機能し、他方は、より広範な公共性を志向する扇動活動のための基地と訓練場所として機能する」(Fraser 1993=1999: 140) と位置づける。そして、「対抗的な公共性」が全体を覆う単一の公共性と競合する関係にあると指摘する。その競合の中心となるのが「なにが公共の問題としてとりあげられ、逆になにが私的なものなのかという問題」(Fraser 1993=1999: 145) である。フレイザーは、公共性をめぐる「共通善ないしは共通の利害関心にかかわりのある」(Fraser 1993=1999: 146) ということの意味について、それまで「私的」な問題と扱われてきた家庭内暴力を「共通の関心ごとにすることに成功した」(Fraser 1993=1999: 147 傍点原文) フェミニストたちによる運動の事実を踏まえて、以下のように述べる。

なにが共通の関心ごとであり、なにがそうでないかを決定することができるのは、参加者だけである。だが、全員が同意する保証はない。〔中略〕重要なのは、ここには自然にあたえられた、アプリオリな境界など存在していないことである。共通の関心事とされるものは、まさに討議のせめぎ合いをつうじて決定される。次に、どんなテーマについても、こうしたせめぎ合いに先だって境界線を引いてはならない。(Fraser 1993=1999: 147)

一般に、批判理論は、「私的」と「公共的」という用語をもっときびしく批判的に監視する必要がある。結局、これらの用語は、端的に社会領域を画定するだけでなく、文化的な分類であり、レトリックでもある。政治的な討議においては、ある利害関心、見解、テーマについては正当なものではないとし、そのほかのものについてはそのまま保持していくためによく用いられる強力な用語なのである。(Fraser 1993=1999: 149–150)

4 学校教育の周辺から「あたりまえ」を問い直す声

従来の学校教育の周辺に位置づけられる「対抗的な公共性」という枠組みをとる議論として、社会教育分野におけるＮＰＯ研究、「新しい教育運動」研究、そしてオルタナティブ教育研究の三つを取り上げる。

高橋満は、従来の学校教育だけでなくＮＰＯの活動に着目して、教育の公共性について述べている(高橋 2009)。高橋は公共性のあり方をめぐる問題として、「国民」や「人材」とみなされにくいマイノリティが排除されてきたという問題と、人々が行政官や研究者といった専門家集団による決定を享受する立場にとどめられてきたという問題の二点をあげる(高橋 2009: 25)。そして、従来の学校教育から周辺化された様々な活動における、公教育を受ける機会やそのあり方の決定のプロセスから排除され周辺化されてきた存在が声を上げる「政治的」(高橋 2009: 34)な動きを指摘している。

特に学齢期の子どもの教育に関するＮＰＯの活動については、佐藤一子が、既存の学校教育の機能不全に対応する形で活動が形づくられ、さらには学校教育のシステムそのものの問題を問い返す側面を見出している（佐藤 2004）。その具体的なプロセスについて分析した平塚眞樹は、子どもの教育におけるニーズが公的な制度によって保障されなかった保護者たちを中心とする当事者が、自分たちが直面する課題の解決に共同で取り組みながら、徐々に地域などのより広い課題に目を向けていくという、「共同性」から「公共性」への展開を明らかにした（平塚 2003）。分析を通じて平塚は、高橋が「政治的」と捉えたのと同様に、市民事業の形態をとるそれらの実践に「社会運動としての教育運動」（平塚 2003: 47）の側面を見出している。

従来の教師中心の教育運動と対比させる形で、一九六〇年代後半以降に展開してきた保護者や地域住民による教育運動を「新しい教育運動」と概念化した広瀬隆雄の研究からも同様の知見が示されている（広瀬 1989a; 1989b）。広瀬は「新しい教育運動」の特質を、地域における保護者や住人が「生活に密着した教育にたいする自分たちの利害や理念を大切にし、それにもとづいて闘いのためのさまざまな行動をとった」（広瀬 1989a: 14）動きであるとし、それらの運動のなかでも、人々が自分たちで教育活動を「つくりだす」運動に注目している（広瀬 1989a: 13; 1989b: 198）。運動を通じて人々の間での合意形成が試みられ、行政に働きかける動きとオルタナティブな意味や価値の創造が経験されていることが指摘されている。

「新しい教育運動」の公共性の実証的な分析として、香川七海による、一九七三年創刊の教育雑誌『ひと』を中心にした「『ひと』教育運動」の事例研究があげられる（香川 2015）。教師だけに限らず父母の立場の者たちが紙面上での意見交換を繰り広げるプロセスから、それまで意見表明の機会がなかった母親たちにとって自らの経験や意見を語ることができる機会となったこと、執筆者と読者との間での緊張関係をもちながらの議論や意見交換という形態がとられたこと、その空間について「外部の世界」と異なり「自身の意見が意見として処遇されることができる」（香川 2015: 11）という認識が形成されていたことが明らかにされている。

そして、これらと重なる観点からオルタナティブ教育を捉える研究がなされている[7]。菊地栄治と永田佳之は、全国のオルタナティブな学び舎への質問紙調査を行い、空間の特質、人間関係の特質、学びの形態の特質を公共性の観点から分析した（菊地・永田 2000; 2001）[8]。分析からは、空間や関係性のあり方が「学校的」なものと異なっている傾向や、運営において学び舎の方針よりも個々の子どもを優先させるといった構えをとる傾向、そして運営者は自身の活動の意義を「子どもたちのＱＯＬ（生活・生命の質）の向上」に置く傾向が見出されている。分析を通じて菊地と永田は、オルタナティブ教育について、公共性の観点から以下のように論じる[9]。

（7）　同様の観点からオルタナティブ教育と重なる対象を「ノンフォーマル教育」というカテゴリーで捉える研究もある（丸山・大田編：2013）。
（8）　菊地・永田（2000; 2001）で分析に用いられたデータは、オルタナティブ教育研究会（2003; 2004）の報告書においてより詳細に紹介、分析されている。
（9）　沖縄で活動するアメラジアン・スクールを事例とした渋谷（2002）の研究からも、菊地・永田（2000）の議論と共通する知見が示されている。

学校的な空間としての学び舎ではなく、むしろ学校化社会や現代社会の矛盾からにじみ出した「多様な存在」を受け入れ、そこから学び舎を公共空間として構築し、たえず自己省察していく実践が数多くみられた。いわば新たな〈公共性〉が公教育の外側でも（あるいは外側にこそ）芽生え始めているという事実を確認することができる。（菊地・永田 2000: 58）

菊地と永田は、「一般に、不登校現象は教育社会の私事化の一端として捉えられることが多い。フリースクールなどのオルタナティブ教育もまた公教育＝メインストリームから離脱した、あるいは離脱することを余儀なくされた実践とみなされ、私事性の極北として捉えられてきた」（菊地・永田 2001: 67）と、「教育の公共性」をめぐる議論における不登校やオルタナティブ教育の位置づけを踏まえた上で[10]、それに対し、公共性の多元性に着目し、次のように問題提起する。

〈公共性〉の多層性・多元性を認識しつつ関係概念・機能概念として再構築していくことが、私たちの基本的な課題である。そうすることで、オルタナティブな学び舎とメインストリームを排他的な関係と捉えたり、国家や市場を無批判に中心化し「中立性」を装うことで満足したりするという陥穽から脱却することができるのではないか。（中略）研究者自身が二分法で済ませてきた現実に足を踏み入れながら、浮かび上がった〈公共性〉を咀嚼し付き合わせていくことが必要である。（菊地・永田 2001: 68–69）

現代の日本で活動するオルタナティブ教育の意味合いをこれらの観点から三点に整理したのが吉田敦彦である。吉田は日本のオルタナティブ教育の活動について、注目されがちな「多様性」の側面だけでなく「代案性」と「別様性」の観点をも踏まえてその意味合いを捉える（吉田 2022）。「代案性」とは、与えられたものをただ受け取るだけでなく人々が自分たちで既存の体制の外に活動を創り出すという意味合いを指し（吉田 2022: 10–11）、「別様性」とは、その既存の枠組の外につくり出された活動を通じて「あたりまえ」とされていることへの別様もありえるのだという可能性を提示する側面、すなわち「あたりまえ」への問い直しを指している[11]（吉田 2022: 11–13）。

5 「別様性」の喪失という陥穽

では、これら従来の学校教育の周辺から既存の社会の「あたりまえ」を問い直す声を発する余地は、どのようにすればこの社会に確実に根付かせることができるのであろうか。それを目指す方法の一つ

（10） 不登校を「私事化」とみなし分析する研究として森田洋司による研究（森田 1991）が、フリースクールなどのオルタナティブ教育を「私事化」とみなす研究として市川昭午の論考（市川 2006）がある。

（11） 公教育の問題に挑戦する社会運動としてオルタナティブ教育を捉える視点は、海外の事例研究においても採用されており、日本語で読める文献としては、宋美蘭（ソン・ミラン）らによる韓国のオルタナティブスクールの研究があげられる（宋編 2021）。

が、法制度としてオルタナティブが存続する余地を保障するというアイデアである。オルタナティブ教育に関する制度の国際比較を行った永田佳之は、デンマークとアメリカのオレゴン州の事例から、官民の共同作業によりオルタナティブ教育を育もうとするという制度的特徴をもつ「積極支援・育成型」のあり方こそが示唆に富んでいると述べる（永田 2005: 285–287; 2019: 635–638）。そしてこのアイデアこそが、「教育機会確保法」の立法に向けられた期待の一つであった（吉田 2022: ch. 2）。

しかしながら、この社会の「あたりまえ」を問い直す余地を社会の「あたりまえ」を正当化する国家の法制度によって保障するというアイデアは矛盾するのではないか。本書はここに、「あたりまえ」を問い直す余地を社会の仕組みとして確保することの意義と重要性は認めながらも、しかしながら、それによって引き起こされる問題を指摘しなければならない。その問題とは、オルタナティブの「別様性」すなわち「あたりまえ」の問い直しの喪失である。以下その問題を、国際的なオルタナティブ教育の動向を踏まえて永田が指摘する、オルタナティブ教育の三つの陥穽（永田 2005: 287–92）と関連させて整理する。

一つ目は、「市場経済からの囲い込み」（永田 2005: 287）の指摘である。一九九〇年代後半以降の日本の教育改革をめぐる展開を分析した貴戸理恵は、文部科学省の主張とそれに対抗する運動の主張が文言上一致し、公教育の問題を批判する言説が市場原理導入の言説と抱き合わされた点を指摘している（貴戸 2014: 411）。その上で貴戸は、フリースクールなどの従来の学校教育以外の多様な活動が一定の制度的認知を得てきた一方で、その認知されたあり方は市場化と行政のコストカットという新自由主義的な制度に親和的であると指摘する。

　社会教育研究においてもその点は指摘されている。教育に関するＮＰＯの活動が提起してきた社会の課題が行政に認知され施策に組み込まれる段階は、行政のコスト削減と市場原理による施策の再編成と同時であった。行政の外部委託をＮＰＯが受けるという状況を考えると、ＮＰＯは低コストで実施できるという視点から捉えられ、市場原理と異なる市民社会セクター固有のあり方を見る視点は希薄であると指摘される（平塚 2003）。この問題は、「教育機会確保法」をめぐっては、前島康男らによって指摘されている（前島 2017: 20–21; 2018: 104–105）。

　二点目は、「国家からの取り込み」（永田 2005: 289）と呼べる事態の指摘である。地域社会や市民によるアソシエーションの自主性・自発性が、翻って国家の統治戦略において「そのエネルギーを動員される一方で政治的には無力にされるという現象」（永田 2005: 290）である。国家による新たな管理・統制のテクノロジーのメカニズムが、「上から押しつけられた専制という形をとらず、だれもが自発的に参加できる民主的な装置として社会の中に埋め込まれて」おり「社会や組織のためというだけでなく、子ども達のため、あるいは子供達《ママ》の問題を抱えた家族のためという観点から行使される力となって現れてくる」（森田 1991: 78–79）と指摘される。個別的な「きめ細やかな」指導による子どもの内面のコントロールの強化や（樋田 2001: 36–38）、文部（科学）省の公式統計とそのための調査による子どもたちの行動の「可視化」や「類別化」といった、社会統制のテクノロジーが指摘されている（森田 1991: 63–82）。

そして、この新たな管理のテクノロジーが、「子どもに対して多様な学習場面を用意したり、多様な生活の場を用意する」（樋田 2001: 38）という目的が語られる公教育制度の「多様化」を通じて、学校外の様々な場に拡大されると指摘される。この点がまさに、「教育機会確保法」をめぐって、「居場所やフリースクールに学校的機能を拡大することにより、人々の意識が学校教育へと一元化されていく」（桜井 2018: 70）という事態への批判として指摘された。桜井智恵子は、この管理のテクノロジーという権力の作動による以下の問題を指摘する。

フリースクールでも自宅でもどこを選んでも、子どもが現状の教育から離脱する道は制度上理念上は皆無になる。それまで「閉塞する教育システム」から離脱する場としてあったフリースクールは、ものの見事に「閉塞する教育システム」に取り込まれてしまう。一旦その道が整備されてしまうと、マイノリティが歩む隘路はますます狭まり厳しい道のりになる。（桜井 2016: 20）

「実現する会」の中心メンバーの言動の分析からは、個々の不登校の子どもに応じた支援という論理が、文部科学省の示す人材育成の場としての教育機会の拡大という意向と重なり、「教育機会確保法」の成立に至ったという指摘や（桜井 2018）、「学校信仰」への問い直しが学びを選択する権限の主張という水準にとどまり、子どもは産業社会の構造の中で有用な人材へ向けて学習するものであるという「学習信仰」は手つかずとなったという指摘が示されている（岡村 2020）。そしてフリースクールスタッフへのインタビュー調査を行った森田次朗は、フリースクールが行政や学校現場の連携相手の役割を要求されるようになるなかで、不登校の子どもたちの自己否定感や「生きづらさ」といった「問題」の特定が求められ、日々の活動を学校に準ずる「学び」として評価できるのかといった「まなざし」にフリースクールの活動がさらされていることを指摘している（森田 2022）。

三点目は、「私的領域への閉じこもり」（永田 2005: 291）と関連する問題である。永田佳之はそれを、オルタナティブな活動がその独自性を強調するがゆえに、外とのコミュニケーションを閉ざし社会的文脈から切り離されてしまう問題と捉える。本書はその指摘からさらに、先述の二つの陥穽とも関連させて、政治的な討議の空間において、周辺からの問い直しの声が、聞かれるに値するとみなされるような「積極的な価値」を主張することを求められるがゆえに、声を発し合うオルタナティブな活動の「内部」において語り落とされ排除される存在や経験がありうるという問題を指摘する。

この問題は、教育に関するＮＰＯに関する議論や社会教育の研究においては、活動を担う人々の様々な意見の間の葛藤や合意形成の矛盾として指摘されている（福嶋 2007; 梨本 1993）。また「新しい教育運動」に関しても、「専業主婦」が担い手の中心になることから性別役割分業に基づいた家族という確固たる一つの規範的な担い手像が前提となり、また価値や意味を問う運動であるがゆえに運動内における利害や価値観の対立が生じうると指摘されている（広瀬 1989a）。「教育機会確保法」をめぐる議論において不登校運動やフリースクールが「分裂」したとみなされた事態は、異なる意見の間での合意形成の葛藤と矛盾の表れと言える。

そしてこの問題を考える上で、フリースクール「東京シューレ」における性加害と「東京シューレ」ならびにその理事長であった奥地圭子による対応の問題について踏まえることを避けて通ることはできない。「東京シューレ」の宿泊施設での活動に参加していた子どもがスタッフから性暴力を受け、その後加害者と「東京シューレ」に損害賠償を求めていたことが、「教育機会確保法」の成立の三年後となる二〇一九年七月に報道された[12]。しかしながら、「東京シューレ」の理事長であった奥地圭子は当該報道がなされた後も「訴訟が和解によって終了したとの事実を除き守秘義務があることからご説明することができません[13]」と述べ、そして、被害者の「女性への救済対応を十分に行わず、訴訟の和解で口外禁止条項を求めたことが理由」(『朝日新聞』朝刊二〇二一年六月二五日)となり、フリースクール「東京シューレ」の運営組織である「NPO法人東京シューレ」の理事長ならびに理事を二〇二一年六月に退任した[14]。

「東京シューレ」は日本のフリースクール運動の草分け的存在であり、その理事長であった奥地圭子は日本の不登校運動、フリースクール運動を担う中心人物であった(貴戸 2004)。奥地圭子は「実現する会」の発起人・共同代表の一人として、「教育機会確保法」の立法を求めた運動の中心人物としても位置づけられた。このように、日本の不登校運動、フリースクール運動、「教育機会確保法」をめぐるオルタナティブ教育運動を振り返ると、「東京シューレ」と奥地圭子によって、不登校や学校以外の学びの場という、従来の学校教育の周辺からの「あたりまえ」を問い直す声が代表され、提示されてきたことがわかる。

しかしながらその一方で、奥地圭子による問い直しの主張が、「教育機会確保法」の成立を目指す上で国家の教育戦略に合致する形となったことが指摘された（岡村 2020; 藤根 2023）。そして、「東京シューレ」による性加害に対する告発への対応の問題からは、社会の「あたりまえ」を問い直す声を

（12）『信濃毎日新聞』二〇一六年七月六日朝刊二七面「「施設で性加害」と提訴」、『朝日新聞』二〇一九年七月六日朝刊三八面「フリースクールと女性、和解「男性スタッフから性的被害」」、『朝日新聞』二〇二〇年二月三日朝刊二二面「フリースクールの子、性暴力から守れ 10代でスタッフによる被害、今も苦しむ30代女性」。「東京シューレ」の施設での性加害に対する訴訟があったことは、二〇一六年当時の『信濃毎日新聞』で報道されていたが、事件について広く知られることになるのは、全国紙である『朝日新聞』による報道以降になる。

（13）フリースクール「東京シューレ」のウェブサイトに掲載されている「特定非営利活動法人東京シューレ理事長奥地圭子」名義の二〇二〇年二月一〇日付けの文書「東京シューレにおける性加害について、及び、子ども等の人権、安心・安全を守るための取り組み」より（https://shure.or.jp/dcms_media/other/tokyoshure-pdf01.pdf 二〇二三年六月一五日最終アクセス）。

（14）奥地圭子は「NPO法人東京シューレ」の理事長および理事を二〇二一年六月に退任しているが、「学校法人東京シューレ学園」の学園長はその後も継続している。「学校法人東京シューレ学園」は、「本法人の理事長奥地圭子が一九八五年にはじめたフリースクールやホームエデュケーションのネットワークなどの活動を運営する特定非営利活動法人（NPO法人）東京シューレが母体となり生まれた学校法人です」（学校法人東京シューレ学園ウェブサイト（https://shuregakuen.ed.jp/）より、二〇二二年五月二三日最終アクセス）と説明される通り、フリースクール「東京シューレ」の活動の中から生まれたものであり、二〇〇七年に「東京シューレ葛飾中学校」を、二〇二〇年に「東京シューレ江戸川小学校」を、どちらも学校教育法施行規則第五六条に基づく「不登校特例校」である私立の「学校」として開校している。なお、「不登校特例校」は、二〇二三年八月三一日発出の文部科学省通知により、「学びの多様化学校」に名称が変更された。

出し合うオルタナティブな空間における、そのオルタナティブな活動が有する問題を告発する声の排除が明らかになった[15]。

6 社会の中で社会の「あたりまえ」を問い直す矛盾

オルタナティブにおける「別様性」の喪失という陥穽を、いかなる問題として考えるべきであろうか。本書はこの問題を、オルタナティブな活動が置かれている社会的力学上の位置を踏まえて捉える[16]。その問題は端的に言って、社会の中で生きながら社会の「あたりまえ」を問い直すことの矛盾である。学校教育の周辺から「あたりまえ」を問い直すオルタナティブであっても、社会の「あたりまえ」から自由であるわけではない。オルタナティブも社会の中にあるという前提から「別様性」の喪失を捉え直す必要がある。

(1) 資本主義経済の中での問い直し

資本主義経済という社会の「あたりまえ」を基盤として労働市場で活躍する人材を育成するという、学校教育の「あたりまえ」を問い直す活動において、市場原理からの自律が課題となる。しかしながら、その問い直しの活動も、そしてそれを実践する人々の生活も、市場経済のシステムの中で行われる。つまり、フリースクールは「非営利」でありながら、かつ持続可能な「運営」を行う必要があるという矛盾が存在する。

資本主義経済が「あたりまえ」の現代社会において、オルタナティブな活動をするにしても、そしてただ生きるにしても、そのためには「お金」が必要になる。拠点を設けて活動を行うためには家賃や光熱費がかかる。様々なコミュニケーションも、グローバル企業が販売する道具やサービスを利用せずに成り立たせることは難しい。そして、日々の活動を担うスタッフの給与も保証しなければならない。あたりまえのことであるが、彼ら彼女らも資本主義経済が前提となっている現代社会の中で日々生活している。着る服を準備し、食事をし、暮らす家を確保するという、労働力の再生産、そして生存のためには「お金」が必要である。

だから教育は「民間」の活動に任せるのではなく、公立学校のがんばりでなければならないといった主張があるだろう。しかしながら、利用者の自己負担という「私費」がかからない教育も、決して

(15) 日本の不登校運動、フリースクール運動、オルタナティブ教育運動における問い直しの声を出し合うオルタナティブな空間における声の抑圧や排除の問題を考える上で、「東京シューレ」が中心となって構築された不登校言説に対する常野雄次郎と貴戸理恵による批判や相対化の書籍(貴戸・常野 2005; 貴戸 2004)の出版が、「東京シューレ」によって出版そのものに対して抗議がなされ、問い直しの議論そのものを成り立たせられなかった点についての山下耕平の指摘(山下 2009: 128-135)も重要である。

(16) もちろんそれは、具体的な判断を行った個人や組織の責任を追求しないというわけではない。個人や組織の責任を追求することと、その問題を社会的な文脈を踏まえて捉えることは両立させる必要がある。それらを両立させなければ、これまでに起こった問題に向き合い、かつこれから起こるかもしれない問題を見据えて社会のあり方を考えていくことが不可能になる。

「お金」が必要ない活動などではない。どのような活動であっても、資本主義経済が「あたりまえ」となっている現代社会においてなされる活動には「お金」が必要となる。「私費」で賄われないということは、その活動にかかる「お金」を「公金」によって賄うということになる。日本国憲法第八九条は「公の支配に属さない」教育に「公金」を支出してはならないと定めている。利用者から「私費」を徴収しなければ、一見すると市場原理の仕組みとは無関係であるように見えるのであるが、しかしながらその活動も市場原理と国家統制という現代社会の「あたりまえ」の中で行われるという図式から逃れられているわけではない。

たしかに、利用者から費用を徴収し事業を行うという活動は「営利目的」と映るかもしれない。しかしながら、フリースクールと「お金」の問題に向き合った数少ない研究においては、経費の捻出やスタッフたちの生活保障といった「持続可能な運営」の難しさに日々直面しながら、子どもや保護者と一緒になんとか活動を続けていこうとする、フリースクールの各現場での工夫が分析されている（武井・矢野・橋本編 2022）。オルタナティブな活動とは、何をするにしても「お金」が必要だという社会の「あたりまえ」の中で、その「あたりまえ」を問い直すという矛盾が日々経験されながら行われているものである。

（2）統治のシステムの中での問い直し

国家の統治からの自律についても同様である。たしかに、社会の「あたりまえ」を問い直す上では、その社会統制のメカニズムからの自律は重要である。しかしながら、国家からの「支援」を拒否すればこのメカニズムから完全に逃げ切れるというわけではないのではないか。現代社会の権力システムを考える際には、法制度下に置かれるかどうかというフォーマルなシステムだけでなく、情報の流れというインフォーマルな支配のメカニズムも考慮に入れる必要がある。

一九九〇年代の文献において、フリースクール「東京シューレ」は、法制度の外部で「無認可」で実践を続けようとする活動と位置づけられていた（徳岡 1994）。しかしながら、同時代に東京シューレで行われたエスノグラフィーからは、子どもたちがフリースクールで共有される対抗的な価値観と学校的な規範・価値観が広く流布する社会の「あたりまえ」の価値観との間で葛藤している様相が分析されている（朝倉 1995: 168–174, 180–182）。

学校化された社会の「あたりまえ」の影響は、藤村晃成によるフリースクールでのエスノグラフィックな調査においても明らかにされている。フリースクールの卒業生のアイデンティティについて分析した藤村は、卒業生が大学へ進学していくプロセスにおいて、進学先大学に対するインターネット上での「Fラン」[17]といったような表現や、親からの「無名のところ」といった言葉の影響を受けて、それまで経験してきたフリースクールでの活動を「不利」なものとして読みかえてしまうというパタ

(17)　「Fランク大学」の略称。「河合塾による大学の格付けであり、調査対象者の受験者すべてが合格しているため通常の難易度がつけられない大学」（山田　2009: 28）を指し、受験難易度の低さを揶揄する意味で使われている。

ーンや（藤村 2015）、「学校への復帰」を「成功」と捉え、「成功」し続けなければならないというプレッシャーを感じ「自分のペース」が考えられなくなるという事態を引き起こしてしまうパターンを明らかにしている（藤村 2018）。藤村の分析が指摘することは、インターネット上の書き込みや親などの身の周りの人間が発する言葉といった社会に流布する情報のあり方が、学校的な規範・価値観を「あたりまえ」としており、その情報のあり方が個々人のアイデンティティに介入するという、現代社会の権力のメカニズムである。

「あたりまえ」を問い直す「別様性」の空間で過ごす者たちも、社会の「あたりまえ」が流通している情報空間の中で生きている。エスノグラフィックな研究から見て取れることは、オルタナティブな活動を経験している者も、社会の「あたりまえ」のもとで生き、その影響下でアイデンティティやそれまでの経験を認識せざるをえないということである。

この矛盾を考える上で参照したいのが、戦後日本の学校教育の「境界線」を分析し、学校教育が教える対象や内容といった内部に包摂する領域の拡大を明らかにした、木村元らによる研究である（木村編 2020）。そこで明らかにされている学校教育の拡大のプロセスとは、その時代時代における様々な立場からの要求・批判の表出と、それへの対応・調整を経た「境界線」の葛藤を伴う引き直しの過程である。その歴史的な分析によって記述されているプロセスを見ると、決して人々が無批判に教育を受ける機会を要求し、国家がそれを利用してきたとは言い切れない。「境界線」のダイナミズムに着目したこれらの研究が示唆することは、学校教育制度の範囲の拡張や、国民国家や資本主義を前提とした能力主義的価値観の広がりは、それを批判し抵抗を試みる意見や動きも含めたプロセスを経て展開してきた現象だということである[18]。国家による統治のメカニズムは、誰か具体的なアクターによって操作されているものとして存在しているのではなく、それへの問い直しのプロセスという人々の様々な行為も組み込まれる形で成り立っている。

たしかに社会の「あたりまえ」に染まってしまわないことは「別様性」としてのオルタナティブな活動において重要である。しかしながら、社会の「あたりまえ」から完全に離れるということは、三点目の陥穽である「私的領域への閉じこもり」（永田 2005: 291）へと帰結する危険性がありうるだろう。問われていることは、権力と個々人の行為の関係を単純なものとして捉えるのではなく、複合的な社会の中でそのメカニズムから完全に逃げきることは不可能だという想定も踏まえた上で、そこでの人々の行為を捉える必要性ではないだろうか。それは決して個々人が完全に権力の介入に染まってしまうことを指すわけではない。権力からの介入を受けながらも、それと同時に、個々人は抵抗を試み

（18） 地域社会でのローカルな関係性の構築により国家による線引きに抵抗した朝鮮学校の実践や（呉 2020: 126–130）、学校教育制度の「境界」に存在しながら制度への包摂による権利保障を時に批判し、社会における差別の構造を断ち切る必要性を指摘した夜間中学の卒業生や教師たちや（江口 2020: 69–73）、勤労青少年の労働状況や社会的・経済的条件の改善を模索した定時制高校・通信制高校の関係者の動きが明らかにされている（濱沖 2020: 97–103）。ただし、呉永鎬（オ・ヨンホ）が朝鮮学校の法的地位の変遷から指摘する通り（呉 2020）、学校教育の境界線の引き直しにおける決定権は、あくまで国家が大きく掌握している点は無視することはできない。

る側面もある。抵抗は、システムの中で試みられ、繰り広げられ、その一部となりうる。本書はそこへの着目が必要と考える。

（3）討議の空間の「あたりまえ」の中での問い直し

最後に指摘しなければならない問題は、「あたりまえ」を問い直す「別様性」を示す声が「聞くに値する声」なのかどうかを判断するのは、社会の「あたりまえ」の枠組みのもとでなされるという点である。つまり、社会の「あたりまえ」を問い直す声も、その社会の「あたりまえ」の中で聞かれるという矛盾を踏まえる必要がある。社会の周辺から「あたりまえ」がはらむ問題を指摘するためには、その社会の「あたりまえ」を「あたりまえ」としている政治的な討議の空間において、その指摘が聞くに値する正当なものであると、認めていただかなければならないし、あるいはその正当性の区別の基準そのものが根本的に問題であると指摘するにしても、その指摘の正当性を認めていただかなければならない。

オルタナティブの閉鎖性の問題は、この力学の中で捉える必要がある。周辺からの問い直しにおいて、社会の「あたりまえ」の観点から聞くに値する声と認めていただけるように声を集約し連帯することが求められる。それがゆえに、オルタナティブな空間を複数の声の間の葛藤や対立に開き続けていくことや、そしてそのオルタナティブ自体の問題を告発し問い直しを迫る声に開き続けていくことと、声を集約して社会の「あたりまえ」を問い直す動きにつなげることとの間に大きな矛盾が存在する。

7　本書の問い

社会の「あたりまえ」とそれを基盤とする学校教育の「あたりまえ」を問い直す「別様性」としてのオルタナティブな活動には、社会の中で社会の「あたりまえ」を問い直すという大きな矛盾が存在する。では、これらの矛盾をオルタナティブ教育に関わるアクターはどう経験しているのであろうか。それが本書の問いである。

社会の「あたりまえ」を周辺から問い直すプロセスは、それを担おうとする人々にいかに経験されているのか。彼ら彼女らが、様々なオルタナティブな声を発し合い、共に活動するプロセスを明らかにすることが、本書の目的である。これを明らかにするためには、その活動を動的に捉え、関係者の相互作用によって絶えず構築されていくものとして捉える必要がある[19]。そのために、本書は社会調査を行いそれによって得られた経験的なデータに基づく分析を試みる。次章では、そのために本書が採用した分析枠組みと、行った調査の概要について説明する。

(19)　本書がアクターの相互作用というミクロな観点からアプローチするのに対し、この問題への教育制度の国際比較というマクロな観点からのアプローチは永田（2019）によってなされている。

第3章

分析の枠組みと調査の概要

１　社会運動論における社会構築主義アプローチ

現代日本のオルタナティブ教育運動の構築プロセスを明らかにするにあたり、本書は、社会運動論の構築主義的アプローチと呼ばれる枠組みを採用する。特に、集合的アイデンティティとフレーミング分析の議論から事象を捉えていく。

本書がこれら二つの理論枠組みを採用する理由は、どちらも社会運動をディスカーシブ（discursive）で論争的なプロセスを踏まえて構築されるものと捉えた枠組みであるためである。discursive という単語は日本語に直訳するのが非常に難しい単語である。本書はそれを、ある一つの明確な目的に直線的に向かうのではなく様々な論点や意見などがとりとめなく散漫な道筋を辿る様相を指すものと捉え、日本語訳を当てず、「ディスカーシブ」とカタカナで表記する。

（1）集合的アイデンティティの構築と「公共性」の問い直し

本書は、社会運動の構築プロセスの分析から「教育の公共性」の議論を捉え返すために、社会運動論における集合的アイデンティティに関するアルベルト・メルッチの論考に着目する。

メルッチは、社会運動をはじめとする集合行為に統一性を認めようとする姿勢に疑問を呈し、集合行為を複数の主体が相互作用しながら構築するものと位置づける[1]（Melucci 1996: 20）。その観点から、複数の行為者が自身らの行為や環境に関してつくり上げる相互作用的で共有された定義である「集合的アイデンティティ」（Melucci 1996: 70）を、連帯を構築するプロセスとして概念化している。

現代社会は「高度に産業が発展し、様々な機能システムが分化し複雑になった」「複合社会（complex society）」の特徴をもつ（干川 1993: 182）。そのような社会における権力は、物質的な資源をコントロールするだけではなく、文化的なコードといった象徴的な資源をもコントロールするものとなり、そのコントロールは種々の決定を行う交渉の手続きや諸利害の調停によってなされる（Melucci 1996: 211）。その規範的な意思決定が行われる社会構造のレベルは「ポリティカルシステム」と定義される[2]（Melucci 1996: 229）。

高度に分化した「複合社会」がシステムとして統合されるためには、一人ひとりの個人が主体的にその統合に参加することが必要となる（Melucci 1996: 92–93）。権力は、象徴的な社会秩序として、モチベーションといった個々人の行為の土台を介入の対象とし（Melucci 1996: 91）、人々はその支配的なコードにより各々の行為の判断や目的意識が定義され、アイデンティティを課せられる（Melucci 1996: 100）。「複合社会」における搾取とは「情報の流れへの依存であり、意味の構築に対するコントロールの剥奪」（Melucci 1996: 182）であり、支配については次のように定義される。

> 今日の真の支配とは、名付けの力からの排除である。それは、人間の経験、消費、人間関係を枠付ける「名前」の非省察的な受容であり、その名前に暗示されたルールに従うことである。

（Melucci 1996: 182）

その一方でメルッチは、象徴的なコードは、その構築プロセスが多数の解釈に開かれ、完全なコントロール下には決して置けないというアンビバレンスを指摘する（Melucci 1996: 176）。また、個々人の内面への象徴的な介入は、「個々人が自分自身を行為の自律した主体とアイデンティファイできるための資源」（Melucci 1996: 93）の配分ともなる。メルッチは、それによって高められる「自律と自己実現のポテンシャル」を「個人化（individuation）のポテンシャル」と呼ぶ（Melucci 1996: 92）。彼はこの矛盾について、現代における教育機会の拡大などをその例の一つにあげている（Melucci 1996: 91–92）。

このような権力関係におけるアンビバレンスにより引き起こされるのが、「アイデンティティの他律的な定義に対抗する明白で広範囲にわたる反動」であり「個々人が自分自身であることの権利を取り戻す主張」である（Melucci 1996: 101）。そのような「名付けの力を取り戻す」（Melucci 1996: 357）ことを求める抵抗は、支配的なコードへの挑戦（challenge）、すなわちオルタナティブなコードの実践と提

（1）　メルッチは、「集合行為」を、（1）複数の個人やグループを同時に関わらせ、（2）近接した時間と空間における似た形態学的特徴を表し、（3）関係性の一つの社会的なフィールドと、（4）それに関わる人々が彼ら彼女らが何をしているかを理解可能にする労力を伴うものと定義する（Melucci 1996: 20）。

（2）　メルッチは、ポリティカルシステムを社会構造の分析レベルで捉えており、それは国家などの経験的なユニットとは区別されることを強調している（Melucci 1996: 233）。

示を意味する。

支配的なコードへの挑戦は、その支配的なコードの介入を可視化することによって繰り広げられる。個々人の内面に介入する支配的なコードは、そのコントロール権の配分は偏ってはいるが、確固たる力をもつものではなく構築されたものである。それゆえに、そのあり方を捉え問い直すという「公の対決（public confrontation）」（Melucci 1996: 181）にかけることも可能である。このポリティカルな論争が開かれることを通じて、「支配的なコードは予想外の方法で占有されたり人々によって異なるように解釈されたりすることが可能になり、そのアンビバレンスあるいは多用性（polyvalence）が開かれることが可能になる」（Melucci 1996: 181）。

コントロールと抵抗の闘争の領域となるのは、個人の経験やニーズ、「意識されない」暮らしぶりといった個人的な領域である。「複合社会」における権力は、すべての問題を個人のレベルに落とし込む。それは、社会の心理学化や医療化として表れる。そしてそれへの抵抗は、社会において個人的な出来事とみなされることを、社会的コントロールが行使されるレベルすなわち社会的な問題として位置づけ直す必要性を、その行為を通じて示す形となる（Melucci 1996: 105–106）。

その「何が政治的なのか、つまり、何が公的領域（*the polis*）に属するのかについて争われる定義のアリーナ」（Melucci 1996: 221　傍点は原文のイタリック）は「公共空間」として位置づけられ、「複合社会」におけるデモクラシーを支えるコンディションとなる（Melucci 1996: 220）。メルッチの述べるデモクラシーとは、その空間へ所属する自由とそれを構築する自由であり、その空間における表象の自由であり、アイデンティティを表明する自由である（Melucci 1996: 219-220）。

上記のような抵抗となる集合行為を捉える際に、メルッチはネットワークに着目し、社会運動の可視的側面と潜在的側面の両方を捉える必要性を述べる。潜在的側面とは、運動参与者の日常的実践に埋め込まれた相互作用の社会的ネットワークである（Melucci 1996: 115-116）。この水面下のネットワークでの相互作用を通じてオルタナティブなコードが創出され、それが可視的側面のポテンシャルになるとされる（Melucci 1989=1997: 77-91）。そして、メルッチは社会運動における連帯を、単一の社会的属性や同一の経験に基づくものではなく、行為者間の相互作用によって構築されるものと捉える。複数の行為者が、彼ら彼女らの行為とそれをとりまく環境に関してつくり上げる、相互作用的で共有された定義である「集合的アイデンティティ」（Melucci 1996: 70）が、その連帯を構築するプロセスとして概念化される。

これらの集合行為を通じて明らかにされることは、ポリティカルシステムにおいて、抑圧されまたは周辺化されて排除されている利害があり、その正当性を認められずにその討議の空間へのアクセスを奪われている声があるという事実である（Melucci 1996: 235）。

しかしながら、それを通じてもポリティカルシステムにすべての声が示されるのではない。そこには意思決定プロセスを通じて対処可能と考えられるかどうかのフィルターがかけられる（Melucci 1996: 235）。それは、対処可能かそうでないかのアプリオリな区別による、その意思決定プロセスの範囲設定における制限である。そして、支配的な社会関係における不平等が意思決定プロセスへのアクセスの不平等に持ち込まれる（Melucci 1996: 231–232）。社会の支配構造への「脅威」と認識された意見や意思決定のプロセスを支配するヘゲモニーに異議を唱える意見は、その討議の空間において抑圧やそこからの排除に直面する可能性が高く存在する（Melucci 1996: 235–236）。

また、ポリティカルシステムへの要求の集合的な提示においても、社会運動が避けては通れないジレンマが存在する。それは差異と連帯のジレンマと呼べるものである。集合行為に関わる者の中に様々な声が存在していたとしても、それらをポリティカルシステムへ表明するためには、その声を集約する必要が生じる。すなわち集合行為への参加とは、そのコミュニティの「一般的な利害」への同一化を意味する（Melucci 1996: 221）。そして表象する者と表象される者の間の隔たり、それぞれの利害や行為のロジックの間の隔たりが不可避に生じる（Melucci 1996: 212）。

つまり、すべての声がポリティカルシステムへ示されるのではない。また、集合的行為においてもすべての要求や声が聞かれ合うわけではない。ポリティカルシステムにかけられるものがある一方で、そうならないものも残り続ける（Melucci 1996: 188）。メルッチは、ポリティカルシステムでの扱いを超えまたそこから独立して社会にしぶとく生き続け、革新的なエネルギーを創出し続ける要求もあることも指摘している（Melucci 1996: 177, 216）。そしてデモクラシーを論じる上でメルッチは、誰かによって構築されたアイデンティティから身を引く権利である所属しない自由と、与えられた表象を拒否あるいは修正する権利である表象されない自由についても指摘している（Melucci 1996: 220）。

（2）フレーミング分析

続いて、本書の分析対象であるオルタナティブ教育運動に参与するアクターが連帯を構築する具体的なプロセスを分析するために、D・スノウならびにR・ベンフォードらによって概念化された、社会運動論におけるフレーミング分析の枠組みを参照する。[3]

社会運動組織の理念的な側面、すなわち運動が基づいたり求めたりする価値、信念、目標などとされるものは、「イデオロギー」という概念で把握される傾向にある。イデオロギーとは多義的な概念であるが、社会運動論においては、運動における一貫した理念的側面として用いられる（Snow 2004: 396）。しかし、社会運動がイデオロギーによって駆り立てられるという前提に対し、イデオロギーの一貫性と統合性、運動参加者たちのイデオロギーの一致、イデオロギーと個人や集合の行動の対応などを強調しすぎる傾向にあるとの批判が出される（Snow 2004: 397）。その批判を踏まえた社会運動の信念や目標を分析する枠組みとして、構成員とそれらを取り巻く様々なアクターによるディスカーシブな意味の構築過程を指すフレーミングと、それによって構築される集合行為フレーム（collective

（3）フレーミング分析を説明するにあたって、概念の名称を和訳する際に本郷（2007: 63-67）の訳を参考にしているが、筆者の判断でいくつかの概念については本郷の訳とは別の訳を当てている。そう判断した一番大きな理由は、本郷（2007: 64, 66）は「discursive」を「論証的」と訳しており、本書が焦点を当てる構築過程における議論のとりとめのなさを指す訳として妥当ではないと考えられるためである。

action frame）が提示される(4)（Snow and Byrd 2007）。

集合行為フレームとは、社会運動組織が社会における様々な事象を切り取り、問題の特定と帰属を行うことなどを通じて構築する、社会運動組織の行為を方向づける象徴的な信念や意味を指す概念である（Benford and Snow 2000）。この概念において重要なことは、社会運動が主張する信念や目標を、確固たる一貫したものと捉えるのでも、運動の構成員がそれを単に受容していると捉えるのでもなく、運動内外の様々なアクターのディスカーシブなプロセスを通じて構築されているものと捉える点である。

ベンフォードとスノウは、このように集合行為フレームの構築プロセスを相互作用的でディスカーシブなプロセスと捉えている（Benford and Snow 2000: 625–627）。それはすなわち、彼らが次のように述べるように、社会運動を行う上でそれに参加するアクターは、様々な事態に対処しながら運動の方向性などを絶えず構築し続けているということである。

アクティビストたちは、彼ら彼女らの好きなように現実の見解を構築してターゲットに押し付けることはできず、そこには運動のフレーミングに関わる者たちが直面する様々な課題（challenge）が存在する。（Benford and Snow 2000: 625）

2　先行研究の検討と本書の分析課題

これまでの日本のオルタナティブ教育運動、具体的にはフリースクール運動の研究[5]は、フリースクール運動が教育における「あたりまえ」な価値観や規範や秩序を批判的に問い、それへのオルタナティブを実践し提示してきた側面を明らかにしてきた。不登校をネガティブなものとする様々な「敵対者」によるフレーミングに対するカウンターという位置づけで、運動のフレームが分析されてきた。そしてそのフレーミングを行うアクターは、不登校の当事者という共通の経験に基づくものと捉えられてきた。

(1)　フリースクール運動のフレーミングの分析

フレーミング分析の枠組みでなされた研究として、佐川佳之の一連の研究（佐川 2009, 2010）がある。

(4)　先に上げたメルッチも「イデオロギー」を確固たる一貫したものと扱うのではなく、「社会関係のシステムにおいて、集合的な行為者が自分たちの行為を自分自身に対してや他者に対して表象するために用いる、一連の象徴的なフレーム」（Melucci 1996: 349）と捉えており、その枠組みはフレーミング分析の枠組みと大きく重なっている。

(5)　より詳細な先行研究の検討は別稿（藤根 2019）で行っている。

本書は佐川のこれらの研究に大きな示唆を受けて取り組まれている。佐川の分析は、「東京シューレ」を中心とする日本のフリースクール運動が、不登校支援における「受容と共感」というフレームを提示しそれが社会に流布し（佐川 2009）、そのフレームがフリースクールの日常的実践での不登校支援におけるスタッフの感情規則となり、そのもとでスタッフがそのフレームに葛藤を感じながらも別のフレームを接合するなどして支援を継続しているというものである（佐川 2010）。

しかしながら、集合行為フレームとは、それがアクター間の相互作用を通じて構築されるものと捉える分析枠組みである。ならば、フリースクール運動の集合行為フレームもそれが構築されるプロセスに着目する必要があるのではないか。たしかに、佐川の分析においても「受容と共感」フレームが人権派弁護士などの他のアクターの観念との結びつきを通じて正当性を獲得した点が分析され（佐川 2009）、「受容と共感」フレームをスタッフが捉え直すプロセスが分析されている（佐川 2010）。しかしながら佐川の分析は、フリースクール運動の集合行為フレームを「受容と共感」という単一で作り付けのものと捉えており、フリースクールスタッフなどの運動の構成員たちがそれぞれ様々な他者との相互作用を経て、運動の集合行為フレームをボトムアップ的に構築していくというプロセスへの着目が十分ではないと指摘できる[6]。これは、フリースクール運動そしてオルタナティブ教育運動をフレーミング分析の枠組みで分析する上で乗り越えなければならない課題である。運動内でのフレーミングプロセスをダイナミックなものとして捉え直すことが必要である。

この観点から集合行為フレームを分析する上で参考にできるのが、竹中（井上）烈によるフリースクールの現場において重視される活動の理念の構築プロセスについての分析と、滝口克典による地方のフリースペースにおける活動の意義の語られ方の分析である。竹中（井上）の分析からは、スタッフと子どもたちとの日々の関わりや（井上 2012）、保護者を含めたその実践に関わるアクター間の相互作用を通じて（竹中 2016）、フリースクールの活動において規範的に求められる秩序の構築プロセスが明らかにされている。また、地方のフリースペースの運動記録からその活動の語られ方を分析した滝口は、地域資源が都市よりも限られた地方という環境において、そこでつながる雑多な人々との活動という経験の積み重ねから、フリースペースの活動を正当化する独自のフレームが構築されるプロセスを明らかにしている（滝口 2023）。

（2）フリースクール運動が示す対抗言説の分析

朝倉景樹は、「学校に行かない」という、社会が「登校拒否」や「不登校」と名付けてきたカテゴリーをめぐる言説上の葛藤を分析した（朝倉 1995）。児童精神科医や様々な支援者が「登校拒否」を治療や回復させるべきものとカテゴライズしてきたのに対抗して、不登校の子をもつ親の会とその活動から展開し後に「フリースクール」と称されるようになる居場所活動に関わるアクターが主張を繰り広げたプロセスが明らかにされた。それを踏まえて朝倉は今後の展開として、「今度は、全ての子ど

（6）　フレーミング分析が集合行為フレームの構築プロセスを十分に分析できていない傾向にあるということへの指摘はベンフォードによってなされている（Benford 1997）。

もは学校に行かなければならないのかをめぐる実践活動も含めた葛藤の時期であることが予想される」（朝倉 1995: 225）と述べている。そして「学校に行かないあり方を、もう一つのあり方として捉える〈登校拒否〉をしている子どもたちの出現は、人口のある程度の一元的な社会化を学校制度によって一応実現している近代社会を脅かすものである」(7)（朝倉 1995: 207）ということを見出している。

この朝倉の分析がもつ特徴は、「登校拒否」のカテゴリーをめぐる主張を行うアクターは、共通の経験に基づいて集合的に行為しているという前提に立っているということである。すなわち、子どもが「登校拒否」「不登校」となったという経験を有する保護者の立場の人たちが、その経験をもとに連帯して対抗的な主張を行ったというプロセスが描かれている。同様のプロセスは貴戸理恵によっても描かれている（貴戸 2004: 54-61）。貴戸は、「不登校」というカテゴリーをめぐる日本のフリースクール運動の主張を、自身の子どもが不登校であった「東京シューレ」の創立者である奥地圭子の経験に即したものとして分析し、その主張を「不登校は病理・逸脱ではなくひとつの選択である」（貴戸 2004: 57）と整理している。

しかしながら、貴戸はフリースクール運動の言説をそのように位置づける一方で、「不登校」をめぐる語りを、不登校経験を有する若者という当事者へのインタビューによって聞き取り、その語りの多様性や語り手それぞれの固有性を明らかにした（貴戸 2004: 101-261）。この観点を採用するならば、フリースクール運動を含むオルタナティブ教育運動の担い手の多様性も想定できるであろう。実際に、「教育機会確保法」をめぐってオルタナティブ教育運動は、「不登校」という経験をもつ者やそれへの問題関心からなる活動に関わる者以外のアクターも合流して展開した。また、「フリースクール」の活動に関わる者のなかにも立法に賛成の立場も反対の立場も存在していることも明らかになった（藤根・橋本 2016: 92-93）。さらには、そもそも日本国内において「フリースクール」という言葉が明確な定義のもとに使われてきたのではなく、様々な立場の論者が様々な実践を指す形で、曖昧かつ流動的に用いられてきたことが田中佑弥の分析によって明らかにされている（田中 2016）。つまり、オルタナティブ教育運動を分析するにあたり、そこに関わる者の複数性を想定しそれらの連帯や分裂のプロセスに着目する必要がある。

朝倉や貴戸がフリースクール運動の担い手を不登校の子どもの保護者という共通の経験をもつ者たちと想定しているのに対し、複数のフリースクール設立者のライフストーリーを分析した橋本あかねは、そこで語られる設立に影響を与えた経験や活動への意味づけが、人によってそれぞれ異なっていることを明らかにした（橋本 2020）。フリースクールとは、設立者が自身のそれまでの人生における様々な「生きづらさ」の経験を経て、それとは異なる生き方を模索する一つの手段として始められる

（7）　この引用部分だけからは朝倉（1995）が社会の秩序や安全を守るために「登校拒否」を防ぐべきネガティブな存在という意味での「脅かすもの」として描いていると読まれてしまう可能性があるが、朝倉の論旨は決してそうではない。学齢期の子どもたちを「学校」に囲い込みそれによってその流れから外れる子どもやその家族を異質なものと名指し追い込む社会の問題を、そういった支配的なあり方とは異なる主張や実践を捉えることで捉え返すことが朝倉（1995）の主眼である。

ものとして語られている。設立以降も設立者は様々な経験を経ながらフリースクールを継続させたり、意味づけを変えたり、そして身を引いたり終わらせたりして別の生き方を模索したりする。そこで語られる経験は「不登校」の経験だけではなく、日雇労働の経験やキリスト教との出会い、自身の母親や子どもとの関係、就職氷河期における就職活動、震災、通信制高校などで教師として働いた経験、印象的な本との出会いなどである。また、一人の語りの中にも複数の経験が折り重なるように語られていると分析されている（橋本 2020）。

（3）本書の分析課題

これらの先行研究を踏まえ、本書は、オルタナティブ教育運動をディスカーシブなプロセスを経て構築されるものとして捉える。特に、フリースクールの実践に関わる種々のアクターがその活動で重視されるフレームをボトムアップに構築しているプロセスについての知見や（井上 2012; 滝口 2023; 竹中 2016）、活動に関わる者たちが自身の様々な経験を語るという相互行為によって活動の意味が構築されるという知見を参考にし（橋本 2020）、組織をまたぐネットワーク活動としてのオルタナティブ教育運動を捉える。

オルタナティブ教育運動に関わる者たちがその運動に見出す方向性や意味を、すでにあるものを構成員が受容していると捉えるのではなく、「不登校の当事者」という単一の属性に還元するのでもなく、それぞれの経験からディスカーシブに構築するプロセスとして捉えることが本書の分析課題である。

具体的には、先行研究で十分に議論されていない、運動内での論争的な相互作用のプロセスの分析や（第4章、第6章）、出来事を経て通時的に再構築し直すプロセスの分析（第5章）、そしてそれぞれの経験からオルタナティブ教育に関わることの意義を語るプロセスの分析（第7章）を行う。

3　調査の概要

本書が用いるデータは、関西で活動するオルタナティブ教育関係者による、二つのネットワーク活動への参加を通じて行ったフィールドワークから得られたものである。以下、それぞれの調査について詳述する。なお、調査協力者の名前と組織名はすべて仮名である。

(1)　ネットワーク活動A

フィールドワークの対象とした一つは、関西のオルタナティブスクールによる草の根的なネットワーク活動Aである。二〇一五年一一月時点におけるネットワークAに参加する組織数は一七、所在地は四府県にまたがる。それらの種類には、フリースクール、デモクラティックスクール、オルタナティブスクール[8]、フリースペース、通信制高校サポート校、子育て支援スペース、ホームスクーリングネットワークなどがある[9]。これらはNPO法人または任意団体であり、一条校や学校法人、営利社団法人は含まれていない。

表3-1　ネットワークAに関するインタビュー協力者一覧

仮名	性別	年齢	立場
坂本さん	男性	50代	オルタナティブスクールZ スタッフ
竹内さん	女性	60代	フリースクールY 代表
豊田さん	男性	30代	フリースクールY スタッフ　ネットワークA 理事
吉川さん	女性	40代	デモクラティックスクールX 代表　ネットワークA 理事
南さん	女性	40代	フリースクールW 代表理事
北村さん	男性	40代	フリースクールW 事務局長
東さん	男性	40代	フリースクールW スタッフ
村田さん	男性	20代	フリースクールW スタッフ
杉本さん	女性	30代	フリースクールW スタッフ
中井さん	女性	30代	フリースクールW スタッフ
小西さん	女性	50代	子育て支援スペースT 代表
久保さん	男性	30代	フリースクールS 理事長
松井さん	男性	30代	フリースクールS 副理事　ネットワークA 代表理事
太田さん	女性	40代	オルタナティブスクールR 校長
長谷川さん	女性	30代	フリースクールQ 代表　ネットワークA 理事

（2013年11月時点）

ネットワークAの活動は二〇〇三年から正式に始まり現在に至る。活動の具体的な内容は、共同のウェブサイトの運営やニューズレターの発行、スポーツ大会やゲーム大会などの日常活動における連携、それぞれが所有する道具や施設の貸し借りや共有、年一回の合宿や月一回の交流会などのスタッフの交流、研修などがあげられる。ネットワークでの連絡などはメーリングリストや専用のチャット・SNSと原則一、二ヶ月に一回の運営会議で行われる。運営会議への出席に義務はなく、全組織のスタッフなどが参加することはまれであり、おおむね四〜六組織が出席している。加盟組織の中から五組織が一名ずつネットワークの理事を選出し、活動は理事全員の合意のもとで決定されることになっている。しかし実際は、複数の組織で子ども・若者たちが一緒にスポーツをするといった簡単な連携においては、理事の合意を待たずに行われており、また運営会議などへの出席をしなくても具体的な連携（共同での活動や資源の共有など）への参加は可能であり、活動は柔軟である。(10)

本書で用いるデータは、上記のフィールドワークで記録したフィールドノーツ（以下「ＦＮ」と表記）、八組織一五名へ行ったインタビュー(11)（表３‐１）、各組織の出版物（書籍、ニュースレター、ウェブサイト、チラシなど）から得られたものである。インタビュー協力者の所属する組織の概要を表３‐２に示す。インタビューは、それぞれ一対一で一〜二時間、二〜三回、半構造化インタビューの形式で行った。質問項目は、「自身の組織としてどのような活動を行っているか」「他の組織とどのような連携活動を行っているか」「連携をしていて良かったこと」「連携をしていて難しかったこと」などを中心としたが、その項目に回答を限定はせずに、ある程度自由に語ってもらった。了承を得た上でＩＣレ

(8)　下位分類の「オルタナティブスクール」は、不登校の子どもとの関わりを主目的とする活動との違いを意識しながら主流の学校とは異なる独自の教育実践を行うという意味での、狭義の用語である。これは実践者たちの間で「フリースクール」に対置されて使われている言葉である。

(9)　これらの分類は、運営者の自己定義によるものである。

(10)　ネットワークＡについての説明は、二〇一五年一一月時点でのものである。

(11)　インタビューは、フィールドワークを通じて接触した実践者に調査の目的を説明した上で依頼した。その理由は、対象のネットワークがそれぞれの組織が自発的に参加するという形態であり、成員を一律に把握することが困難なためである。また協力者の坂本さんは、調査時点ですでに活動をリタイヤしていたが、ネットワークＡの立ち上げから中心的な役割を担ってきた人物であり、回顧的に語ってもらうという形で調査に協力してもらい分析に用いた。

インタビュー協力者所属組織の概要

スタッフ数			利用者数				
有給常勤	有給非常勤	ボランティア	5歳以下	6～12歳	13～15歳	16～18歳	19歳以上
—	—	—	—	—	—	—	—
1	7	10	0	1	5	6	1
2	1	6	3	20	13	4	0
0	8	12	0	4	11	1	1
1	6	4	0	2	1	1	2
3	5	5	0	3	10	11	6
4	7	5	0	21	0	0	0
1	3	2	0	0	2	1	0

コーダーで録音し、すべて文字データに書き起こした。この調査で得られたデータは、主に第4章と第5章で用いる。

（2）フォーラムB実行委員会

もう一つの調査の対象としたのは、二〇一四年から二〇一七年に毎年一回大阪で一般向けの公開イベントとして開催されてきたフォーラムB、ならびにその運営を行った実行委員会である。フォーラムBのすべての回に共通する内容は、講師一名を招いての基調講演、テーマ別の分科会、協賛団体のブース出展という構成であった。分科会の内容は、基調講演の振り返り、オルタナティブスクールの活動紹介、実践者同士の交流、研究者による研究発表などである。基調講演と分科会が行われている間に、協賛団体のブース出展が行われ、参加者は自由に訪れることができた。各回の協賛団体における団体の種類ごとの数を表3-3に示す。

フォーラムBと「実現する会」の関係について述べておく。「実現する会」でも二〇一四年から集会が開かれている。そ

表 3-2　ネットワーク A に関する

組織名	法人種類	活動期間
オルタナティブスクールZ	任意団体	1995～2008
フリースクールY	NPO 法人	1997～現在
デモクラティックスクールX	任意団体	1997～現在
フリースクールW	NPO 法人	2000～現在
子育て支援スペースT	任意団体	2003～現在
フリースクールS	NPO 法人	2004～現在
オルタナティブスクールR	NPO 法人	2004～現在
フリースクールQ	任意団体	2010～現在

（2015 年 5 ～ 9 月時点）

の「実現する会」の集会の第二回（二〇一五年）と第四回（二〇一七年）が、フォーラムBの第二回、第四回と合同で行われたという位置づけである。フォーラムBの第一回と第三回の実施においては「実現する会」との関係はない。第二回と第四回において、「実現する会」は「共催」団体であり、フォーラムB全体の企画運営には関わっておらず、分科会の一つのみを担当するという形をとった。

筆者は第二回から第四回の実行委員の一員として参加しながら、フォーラムB開催日の約一〇ヶ月前より基本毎月一回行われる会議や、フォーラム当日、後日の振り返りの会議においてFNを記録し、議事録やメーリングリスト上でのやりとりなども記録した。また、半構造化インタビューを第四回の実行委員会のメンバーのうち調査への協力を承諾してくれた一二名に対して行った（表3-4）。インタビュー協力者のうち四名（竹内さん、中井さん、小西さん、太田さん）はネットワークAに関するインタビュー調査の協力者でもあり重複しているが、フォーラムBとネットワークAそれぞれの活動に

表 3-3　フォーラムＢの協賛団体数（単位：団体）

	第１回	第２回	第３回	第４回
フリースクール	6	6	6	9
シュタイナー学校	1	3	1	1
サドベリースクール	2	3	1	1
子育て支援団体	1	1	1	1
その他オルタナティブスクール	1	7	1	1
一条校	1	1	0	1
中間支援団体	3	7	2	8
合計	15	28	12	22

ついて分けて時期をずらしインタビュー調査を行った。インタビューは個別に一対一で行われ、それぞれ一・五〜二時間行った。了承を得た上でICレコーダーで録音し、すべて文字データにしている。フォーラムＢに関するインタビューの時期は、フリースクール等での学習を就学義務の履行とみなしうる「個別学習計画」に関する項目が削除された法案（通称「丹羽案」）がフリースクール等議員連盟・夜間中学等義務教育拡充議員連盟の合同総会において提示された後である。「教育機会確保法」成立（二〇一六年一二月七日）以前に六名、以降に六名のインタビューを行っている。この調査で得られたデータは、主に第６章と第７章で用いる。

ネットワークＡについての調査から得られたデータも含め、分析内の引用において、「……」は中略、「（　）」は筆者による補足である。プライバシー保護の観点から、意味内容が変化しないよう注意を払いつつ引用に若干の加工を行っている。匿名性を確保するため、出版物の書誌事項は出版年以外を、チラシなどの出版年が明記されていない資料はその取得年月日以外を、ウェブサイトは最終アクセス日以外を割愛する。

表 3-4　フォーラム B に関するインタビュー協力者一覧

仮名	性別	年齢	立場
斉藤さん	男性	70 代	オルタナティブスクール R 学園長
宮本さん	男性	50 代	大学教員，日本シュタイナー学校協会世話人
竹内さん	女性	70 代	フリースクール Y 代表，フリースクール全国ネットワーク理事
小西さん	女性	60 代	子育て支援スペース T 代表
上野さん	女性	50 代	シュタイナー学校 V 保護者
太田さん	女性	40 代	オルタナティブスクール R 校長
木下さん	男性	40 代	大学教員
中井さん	女性	30 代	フリースクール W スタッフ
森本さん	男性	30 代	オルタナティブスクール R スタッフ
原田さん	女性	30 代	大学院生，フリースクール W ボランティアスタッフ
高田さん	女性	20 代	子育て支援 NPO　U 職員
近藤さん	女性	10 代	大学生，シュタイナー学校 V　OG

（2017 年 2 月時点）

（3）フィールドワークの背景

これらのフィールドワークがどのような状況で行われたのかについて説明しておく。筆者は、二〇一二年五月から関西で活動する複数のオルタナティブスクールでフィールドワークを開始した。当時大学院生であった筆者は、修士論文執筆に向けての調査として、ボランティアスタッフという立場で二つの団体にそれぞれ週一日のペースで参加した。フィールドワーク当初の問題意識としては、それぞれの団体で実践されている活動のあり方について関心があり、その旨を申し出て調査目的での参加を受け入れてもらった。そのフィールドワークを行っている最中に、ある団体のスタッフから関西のオルタナティブスクールがつくるネットワーク A の活動に誘われた。そして同年六月から、ネットワーク A に参加しながらのフィールドワークを、各団体でのフィールドワークと並行して行った。

ネットワーク A でのフィールドワークは、ネットワークの会議や交流会などのイベントに参加する形で行った。交流会は月一回ぐらいのペースで、多くの場合夕方から始まり二一時ぐらいまで、どこか一つのオルタナティブスクールが持ち回りで場所を提供するという形で開かれていた。会場となったオルタナティブスクールのキッチンを使って料理をつくるあるいは惣菜などを近隣のスーパー等で買ってくるなどして、食事や飲酒をしながらの交流が行われた。筆者は、ネットワークに加盟するオルタナティブスクールのボランティアスタッフという立場で参加していたが、交流会自体はネットワークの加盟団体の構成員かどうかにかかわらず参加可能であり、実際に加盟団体ではないが興味があって訪ねてきた教育関係者や学生なども参加していた。会議では、筆者がフィールドワークを行っていた期間では年に一、二回行われていたイベントの準備が主に行われていた。行われたイベントのほとんどは、外部に対して活動をアピールすることよりも、オルタナティブスクールのスタッフ同士の研修や、それぞれの団体に通う子どもたちの交流が目的となっていた。筆者はそれらイベントの運営スタッフとして関わり、会議や事前の準備の際に記録をつけたり、イベントの当日の搬入・設営・撤収を行ったり、またイベントの司会を担当するといった形で参加した。

二〇一三年三月頃に、研究の対象を各団体それぞれの実践からネットワーク活動に変えようと考え、あらためて調査目的でのフィールドワークとして受け入れてもらえるよう依頼し、受諾された。また同時期頃から、ボランティアスタッフとして関わっていた団体以外の関西で活動するそれぞれのオルタナティブスクールを訪問して聞き取りなどを行う調査を開始した。ネットワークＡの活動には、二〇一七年一二月頃までコンスタントに参加し、それ以降は筆者の仕事の都合上それまでよりも頻度を落としての参加となった。二〇二〇年度より筆者が関西から転出することになったため、二〇二〇年一月の交流会を最後に直接参加してのフィールドワークを終えた。

ネットワークＡとは別に、関西でオルタナティブ教育に関心をもつ個人が参加するネットワークＣが存在する。ネットワークＣは、二〇〇〇年代に日本型チャータースクールに関する活動に関わっていた人たちなどが中心となってその後二〇一〇年に立ち上げた、あるネットワーク団体の会員が中心となり、関西で開いているグループ活動である。ネットワークＣは、ゲストを呼んで話を聞く小規模のイベントや、オルタナティブスクールの見学・交流会などの活動を行っている。ネットワークＣのメンバーが中心となって呼びかけて結成された実行委員会によってフォーラムＢが開催された。

フォーラムＢは二〇一四年一月に第一回が、翌年から二〇一七年までは毎年二月に開催された。実行委員会は、毎年結成し直され、継続して参加するメンバーもいればそうではないメンバーもいた。毎年、フォーラム開催に向けてその前年の四月頃に一回目の実行委員会が開かれ、一〇ヶ月ほどかけて準備が進めれらた。筆者は、それまでのフィールドワークを通じて知り合っていたネットワークＣのメンバーから声をかけられ、二〇一四年開催の第一回フォーラムの実行委員会の四月と五月の会に参加した。しかし、自身の修士論文の提出期限との兼ね合いがあり、その年は実行委員には加わらず、第一回フォーラムの当日に一般参加者として参加した。その後、第二回フォーラムの実行委員の一員として二〇一四年四月から加わり、二〇一七年二月の第四回フォーラムまで継続して関わった。実行委員会には、毎回の会議の議事録を取る、分科会の企画・運営を分担する、当日の設営などを行うといった形で参加した。第四回フォーラムを最後にそれ以降実行委員会の結成やフォーラムＢの実施はなされておらず、フォーラムＢ実行委委員会に関するフィールドワークもその時点で終了している。

第4章

多様な活動のつながり方

1　多様なままつながるということの矛盾

本章の目的は、オルタナティブ教育運動の日常的な教育・居場所活動同士のつながり方、すなわち連携の技法を明らかにすることである。第3章の調査の説明で述べたように、本書が調査の対象としているのはオルタナティブスクールのネットワーク活動である。それぞれのオルタナティブスクールは、それぞれ別の団体として活動しながらも、ネットワークでつながり合い、連携しての活動も行っている。本書は、このネットワークにおける連携を、オルタナティブ教育運動の潜在的側面（Melucci 1996: 115-116）と位置づける。はたして、この連携はどのように達成されているのであろうか。

本章の問いをめぐる先行研究として参照したいのが、フリースクールと学校や行政との連携についての研究である。ここでは対立する二つの議論がなされている。一つは、連携成功の要因を組織間で同一の理念や目的を共有することとする議論である。酒井朗は「どこにあっても最低限度子どもに対して提供すべき指導とか支援というのはこういうものだという共通理解」である「教育文化あるいは教育哲学のようなもの」が必要であると論じる（酒井 2007: 37）。成功事例と位置づけられる「神奈川県学校・フリースクール等連携協議会」の分析では、行政とフリースクール間の共通目標構築の背景には、教員出身者ではなくフリースクールに懐疑的ではない教育委員会の担当者や（本山 2014）、教員・教育行政経験者であるフリースクールの代表者（山田 2017）が仲介者となったとの指摘がなされている。この知見を援用するなら、オルタナティブスクール同士の連携においても共通の理念や目的を共有することで連携が達成できていると想定することが可能である。

しかしながら、上記のような連携の「成功」を批判的に捉えるもう一つの議論が存在する。それは、学校と学校以外の組織との間における権力の非対称性を指摘するものである。ニューカマーの子どもの支援をめぐるＮＰＯと学校の連携を分析したハヤシザキカズヒコらは、連携の決定権は学校や行政などの「公」側にあり、ＮＰＯなどの「民」側にのみ自分たちの信頼や実績を証明する努力が課せられることを見出した（ハヤシザキ・中島・山崎・浅田 2009）。このような非対称な権力関係のもとで理念や目的の共有を無批判に推進することには、学校以外の組織の自律性や独自性を切り崩す危険が伴う。これは学校教育とそれ以外の機関の連携において一般的に起こりうる事態であり、社会教育と学校教育の連携や（鈴木 2015）、児童福祉と学校教育の連携（丸山 2018）においても指摘されている。共通の理念や目的の設定は、学校以外の組織が学校の理念や目的へ同化させられることとなり、「学校との連携・協働が進めば進むほど、学校文化に疎遠で、逸脱的・反学校的な子どもたちが支援の対象から外れてくるという問題」（ハヤシザキ・中島・山崎・浅田 2009: 126）が引き起こされる。

この共通の理念や目的の共有による連携への批判的な指摘は、オルタナティブスクール同士の連携について考える上でも重要である。ある一つの理念や目的を共有するということは、それぞれのオルタナティブスクールが重視している理念や目的の複数性と矛盾しうる。オルタナティブスクール同士の間での意見の違いと、連携するという合意形成の間には葛藤が生じると考えられる。

本章の問いは、オルタナティブスクール同士が連携を行う際に、この矛盾や葛藤がいかに経験されているのかということである。はたして、ネットワークの活動はそこに関わるオルタナティブスクールが同じ理念を掲げそのもとに集う形で連携しているのであろうか。それとも、それぞれの活動が重視する理念や目的をそれぞれもった上でどうにかして連携をしているのであろうか。

2　連携におけるフレーミングプロセス

第3章で述べたように、社会運動論の議論を枠組みにオルタナティブスクールのネットワーク活動における連携のあり方を分析する。社会運動論では、連携は「二つかそれ以上の社会運動組織が共通のタスクに向かって協働すること」であり「連携のパートナーとなる組織は別々の組織構造を維持するという点で合併と異なる」と定義される（Van Dyke and McCammon 2010: xiv-xv）。その上で連携に欠かせない要素の一つとしてイデオロギーがあげられ、組織を跨いだイデオロギーの調整が重要とされる（McCammon and Van Dyke 2010: 310）。しかしながらすでに述べたように、イデオロギーの概念は運動の理念における本質性を前提としがちなのに対し、運動に関わる運動内外のアクター間の相互作用を通じて運動の理念的側面が構築されるプロセスを分析するために、フレーミング分析のアプローチが提唱され（Snow 2004）、社会運動組織の理念的側面を構築物として捉える集合行為フレームの枠組みが提示されている（Snow and Byrd 2007）。

表 4-1　インタビュー協力者所属組織の集合行為フレーム

組織名	集合行為フレーム
オルタナティブスクールZ	「生命・魂を大源とする学校」「多様な価値の受け入れと友愛」
フリースクールY	「子どもがつくる，子どもとつくる」「生活者としての学び」
デモクラティックスクールX	「民主主義の学校」「子どもの自由と自治」
フリースクールW	「いるだけでいい」「ほっとできる居場所」
子育て支援スペースT	「社会資源をつなぐサポート」「当事者の最大限の権利擁護」
フリースクールS	「無理なく自由に過ごせる居場所」「ロケットの発射台」
オルタナティブスクールR	「民主的に生きる市民の育成」「学習者中心の教育観」
フリースクールQ	「安心・自信・自己肯定感」「生きることが学び」

本章は、組織間のイデオロギーの調整という連携にとって必要な要素を、フレーミング分析の枠組みを用いて分析する。イデオロギーに共通点があったとしても必ずしも連携できるとは限らない（McCammon and Van Dyke 2010: 294–295）。スノウとバードが論じているように、イデオロギーが共通しているように見えても、それぞれの組織が構築する集合行為フレームや、それぞれがとる戦略や展開は異なりうる（Snow and Byrd 2007）。例えば、「教育機会確保法」をめぐり、国内のオルタナティブスクールは子どもの権利の尊重を根底に置きながらも、その達成に向けて市場的規制緩和の制度を利用するか拒否するかという点で運動が「分裂」したとの指摘がなされている[1]（横井 2018）。連携を行うためには、それぞれの組織が構築する独自の集合行為フレーム間の調整が、参与者間の相互作用を通じて達成、継続される必要がある。本書の分析課題は、その調整の葛藤を伴う過程とそれを経て創発される傘となる集合行為フレームを明らかにす

ることである。

3　各組織の集合行為フレームの複数性

まず、得られたデータをもとに、調査協力者の所属するオルタナティブスクールがそれぞれ構築している集合行為フレームを確認する。各組織のフレームをまとめたものが表４－１である。これらは、インタビューでの調査協力者の語り、各組織のウェブサイト、出版物などのテキストから、それぞれの組織の集合行為フレームと位置づけられるキーワードを筆者が整理したものである(2)。「オルタナティブスクール」と一言でまとめられるが、それぞれの組織のフレームは様々である。場の性質の強調点を「居場所」に置くのか「学びの場」に置くのか、スタッフから子ども・若者への

(1)　この「分裂」についての議論は、議会への働きかけという事象をめぐってのものであり、日常的な活動における連携を対象とする本書の分析とは完全に対応するわけではない。しかし、一見すると同じイデオロギーを共有する組織もそれらの間に論争的な関係性が生じうることが示唆として受けられる。

(2)　ベンフォードとスノウは、集合行為フレームはオーディエンスの反応を想定して構築されていると指摘している（Benford and Snow 2000: 630)。すなわち、スローガンやキーワードのように強調されて提示されるものも運動の過程を経て構築されるものである（Benford and Snow 2000: 623)。本書の分析課題は、組織をまたぐネットワーク上での集合行為フレームの構築過程であるため、各組織の集合行為フレームの構築過程は扱わない。これは今後の研究の課題としたい。

スキャフォールディング[3]の必要性を明示するかしないかといった点に違いが表れている。そして、フレームの複数性は実践者たちも認識している。ネットワークを組んでいるにもかかわらず、実践者たちはお互いのフレームの差異を明確に語り、それは時にお互いのフレームを批判し合う語りにもなりうる。

「学びの場」に強調点を置く語りは、「居場所」に強調点を置くフレームを差異化する。オルタナティブスクールRは、「既存の学校教育への疑問なり違和感なりを感じたメンバーが、そうじゃない学校をつくろう」（太田さん 2013/11/19）と始まったと語られる。子どもが「自らの力で学ぶ」ことを目的としたカリキュラムが組まれており、それを通じて「本当の民主主義が実現できる社会をつくるため」の対話のスキルを身につけることが目的に据えられる（オルタナティブスクールRの実践者の著書 2013）。「学びの場」を重視する実践は、不登校のための「居場所」に対しての差異化を伴って語られる[4]。

学校に行けなくなった子どもたちをとか、人権を守りたいとか命を守りたいとか、そういう子らとか保護者から声が上がって場所をつくってくださいっていうような形でできた場ではないんですね……だから自分らの場所を居場所だと思ったことは一度もないです……私たちの場合は居てもいいけど伸びないといけない、学校なので。（太田さん 2013/11/19）

逆に、「居場所」を強調するフレームは「学びの場」を強調するフレームの差異化を通じて語られる。「いるだけで、いい」（フリースクールWのウェブサイト 2018/5/4最終アクセス）というフレームを強調するフリースクールWの実践者は、「学校的」な価値観に傷つけられた経験をもつ子どもたちが「ま、今日ちょっと一緒に御飯食べて落ち着こか、ぐらいができるような」（南さん 2013/4/12）空間の構築に活動の意義を据える。その際に、「学び」を重視するフレームを差異化して「居場所」の必要性が語られる。

そこで子どもが何より求めているのは、自分が居るんだということの実感、存在そのものを親や周囲に受けとめてもらうことだと思う。「学び」とか「選択」とかいうことは、その根本が保障されないかぎりは視野に入ってこない問題だ……どこにも居場所がないということの問題のほうがよほど大きいにちがいない。（北村さんの著書 2009）

（3）本書では「スキャフォールディング」という概念を、状況的学習論で用いられる「有能な他者が学習主体の行為を社会に共有された様式へと方向づけていく過程」（高木 1996: 43）として用いる。

（4）オルタナティブスクールRならびにデモクラティックスクールXでは、不登校への関わりを目的とした組織ではないと語られるが、通う子どもたちの「半分くらい」は不登校を経験した子どもであるとも語られる（オルタナティブスクールRのスタッフとのやりとり FN 2017/01/21、吉川さんインタビュー 2013/04/25）。

そして、「居場所」に強調点を置く実践同士でも差異化が行われる。フリースクールSは、不登校を否定せず「居場所」であることを強調するが、その上で「ロケットの発射台」というフレームを用いて「子どもたちの将来につながっていくサポート」すなわちスキャフォールディングの必要性も明示する（フリースクールS入会説明会資料 2012/6/28取得）。その語りは、「居場所」のみの活動を強調するフレームへの批判という形で語られる。

不登校の子どもたちがまず気軽に来れる場所で元気になるまでの過程、ここまでは今までのフリースクールは成功してた、その一方で元気になった子どもたちがいかに社会に旅立っていくか、この過程においてはかなり課題も多いんじゃないか……第二段階もしっかりできるフリースクールにしようっていうのは〔活動を立ち上げた〕最初から言ってた。（久保さん 2013/04/11）

逆に、「居場所」であることを特に強調する立場からは、将来のためになることを目的とした働きかけの必要性を明示するフレームへの差異化が語られる。

要はお金を払って何かこう教育してもらうとか、子どもの人間関係を何かやってくれる場所というこうことじゃないことを私たちは大事にしたいと思ってるし、そういうこと共感できません？　っていう問いをしたいんですね。（南さん 2013/04/12）

そういうスクール的なものだったら別にNPOでやんなくたっていいじゃないって思ってしまうわ、別にサポート校でいいし適応指導教室でいいし行政がやればいいしもっと市場の力をもった所が手を広げてやってんだからそれで別によくて、そんな〔社会〕運動的にやる意味全然ないわけだから。（北村さん　2013/4/2）

また、「学びの場」に強調点を置く語りにおいても、スキャフォールディングの必要性を明示するかしないかによってお互いの差異化がはかられる。デモクラティックスクールXは、スタッフから子どもへの指示や評価を否定し、スタッフの雇用や運営予算に関する事柄も含めて子どもも一票をもつ「ミーティング」を通じて活動を決定するといった「子どもの自由と自治」のフレームを強調する（吉川さんが代表編者の書籍 2008）。そこでは、大人からのスキャフォールディングの必要性の明示に対する差異化が語られる。

大人でいろいろ子どもたちの交流を盛り上げていこうとかそういう積極的なことはここの人たちはないねんな、子どもが生み出すことを大事にしてるから。（吉川さん　2013/4/25）

以上のように、オルタナティブスクールはそれぞれ独自性をもつ集合行為フレームを構築しており、それらは互いを差異化し、時に批判し合う。ネットワークを組み連携しているにもかかわらず、単一のフレームのもとに一致しているのではない。ネットワークAの代表理事（インタビュー当時）の松井さんは「理念とかってまあ共有しても無駄だろうなって思ってますけどね、だってそれぞれに理念があるでしょ、理念を戦わせることになると思いますよね」（松井さん 2013/10/12）と語り、複数の組織が単一の理念を共有することの難しさを表している。

次節では、この多様な組織が相互作用しつつ連携を展開してきたプロセスについて、主としてインタビューデータをもとに遡及的に再構成し、集合行為フレーム概念を鍵として、段階化して分析する。

4 傘となる集合行為フレームの創発過程

（1）連携のメリットと各組織の集合行為フレームの正当性の揺らぎ

オルタナティブスクールのネットワーク活動において最も特徴的なことは、子ども・若者に他の組織を紹介することである。インタビュー協力者の多く（一一名）が、連携のメリットについて、「子ども・若者に合った場を紹介すること」を語った。彼ら彼女らの「やりたいこと」やそれぞれの組織との「相性」を重視し、彼ら彼女らに合う他の組織を紹介できることが、ネットワークを組むことによって可能になると語られる。

つながってることのメリットとして、うちには合わなくても他にもしかしたら合う所があるかもしれないって言えること、うち以外にももっといっぱいあるんだよって、つながってることで知れてるわけでしょ……まあこの近隣だったらこのへんがありますねとか、このへんありますねとか。（長谷川さん 2013/08/28）

実際に、ネットワークの活動などで実践者たちが顔を合わせた際に、紹介した子ども・若者が紹介先で「元気にやってるか」といったことが聞かれる場面がしばしば見られた（FN 2013/09/13, 2015/02/07 など）。次の語りは、実際に自身の組織の活動に「合わない」子どもと向き合った際に、その子のニーズから他の組織を紹介したケースについての語りである。

異年齢の中である程度自分が確立している子どもにとっては、うちはどの学年の子どもでも居心地がいいんだけど、同じ発達年齢の子どもの中で育ちたいなっていう子どもさんの場合はあまり向いてない、そういうニーズをもった小学生の子が来た、二ヶ月くらいでやっぱり合わなくて、でフリースクールWを紹介した。(5)（奥田さん 2013/11/02）

しかし、子ども・若者に他の組織を紹介するという行為は、自身の組織が「選ばれない」という事

（5） 奥田さんが言及した子どもが実際にフリースクールWに継続的に通っていることを確認している（FN 2014/04/11 など）。

態になりうる。自身の組織が選ばれないという事態は、それぞれの組織の集合行為フレームの正当性を揺るがすことになる。

私としてはその子がそれでいやすい居場所ならそれでいいんじゃないかって、たしかに悔しいけどね……本音言うと悔しいけどね、またそっち行っちゃったかとか、ちくしょう来なくなるのかとか。（長谷川さん 2013/8/28）

ただねえ、最初例えば僕ら割と別のオルタナティブスクールが近くにあって、最初は全然会員が来なくて、割と嫉妬心みたいなものに苛まれてたみたいな所もあったんですよね。（松井さん 2013/10/10）

その人がその時一番したいことがここでできるんかってなったら、〔うちでは〕難しいかなみたいな、この人が今何を欲しているかって見たら、何かしょうがないよねって。（杉本さん 2013/10/23）

前節で見たように、それぞれのオルタナティブスクールは自身の組織の実践に自信をもって活動を行っている。そこでは、異なるフレームを強調する他の組織からの差異化を伴って、それぞれの組織の独自性そして正当性が強調される。しかし、ネットワークを通じて子ども・若者に他の組織を紹介するということは、「悔しい」「嫉妬心みたいなものに苛まれてた」「何かしょうがないよね」といった語りに表れるように、それぞれの組織の正当性を揺るがすことになりうる。また、運営面でも別組織であるため、他の組織を紹介するということは、自身の組織にとって経営的なダメージともなりうる。

連携して子ども・若者に他の組織を紹介することが自身の組織の集合行為フレームの正当性や経営を揺るがしうるということは、連携の失敗に帰結しうると考えられる。では、実践者は、その上でいかに連携を継続しているのであろうか。

（２）「不完全性の積極的肯定」フレームの創発

集合行為フレームの正当性において揺らぎを経験したオルタナティブスクールの実践者は、その自組織のフレームを相対化する。つまり、自組織の活動がすべての子ども・若者を包摂することは不可能であると捉え直される。

うちで全部できるわけじゃないっていうのは前から思ってるんですよ、自分のカラーだけでうちに今いる全部の子が求めてる付き合いができるわけじゃない……全部カバーできるかっていったらそうじゃない。（村田さん 2013/10/30）

どんだけデカくしてハードウェアがどんだけ完結しても、うちに合わない子って多分いるわ。

（久保さん 2013/10/18）

この自身の組織の実践がすべての子ども・若者を包摂することはできないという語りの背景には何があるのであろうか。オルタナティブスクールの実践者は、様々な理由で「主流」の学校から離脱した／排除された子ども・若者を相手に日々の活動を行っている。彼ら彼女らは多様な背景とニーズをもっており、そんな彼ら彼女らに対して一つの組織がすべてに応えられるわけではないという、オルタナティブスクールの日々の実践から導き出された実践者の理解を見て取ることができる。

そして、オルタナティブスクールの実践者は、不完全性を否定的なもの、仕方がないものとしてただ受け入れるのではなく、不完全性を積極的に肯定するフレームを構築している。彼ら彼女らにとって、自身の組織が不完全であるという理解は、決して否定的なものではなく、その不完全性にこそオルタナティブスクールの意義が見出されているのである。次の語りは、一つの組織で「抱え込もう」とする実践に対する批判である。オルタナティブスクールの実践者にとって、不完全性を認めずすべての子ども・若者を包摂しようとする教育は、現実的でない上に、子ども・若者にとって不利益となると位置づけられる。

子どもの利益を考えたらうちだってできることとできへんことがある、よそだって多分そうだと思う、そのときに抱え込みはるとこは本人の不利益になることを私は見てきましたから。（小西さ

ん　2013/08/27）

このように、自身の組織の集合行為フレームの揺らぎを経験した実践者は、その集合行為フレームを捨て去るのでも、よりよい単一のものに同化するのでもなく、その不完全性を積極的に肯定するフレームを創発する。「不完全性の積極的肯定」というフレームは単に理念的につくられたものではなく、主流の学校から離脱した／排除された子ども・若者の存在と向き合い、周辺化された彼ら彼女らの主体性を尊重しようとする実践を通じて創発されたものであると言える。

このようなプロセスを通じて、それぞれの組織の運営者や実践者が構築するフレームの追求や組織としての経営よりも、連携による子どもの主体性の尊重や子どもの利益の保障を優先させることの正当性が語られ、連携が展開される。

自分のところにはポリシーがある、譲れないものがある、親の人とか子がやってて、だけど別に外と付き合うときは別に違うもん同士でも仲良くしたほうが子どもたちのためになるならそれでいい。（吉川さん　2013/04/25）

うちで考えてるのはその子に合った所に行くのがいいよねっていう考えなんですよね、もちろん自分所からいなくなっちゃうっていうのは経営的にはダメージだし残念なことではあるけど。

（松井さん 2013/10/10）

そして「不完全性の積極的肯定」のフレームを用いて、他の組織との連携がさらに正当化される。自身の組織が不完全であることを肯定するからこそ、自組織で応じ切れないニーズや背景をもつ子ども・若者の活動を保障するために、自身の組織とは異なる他の組織が必要となる。こうして「不完全性の積極的肯定」というフレームが傘となり、組織間の連携が継続されていく。

自分たちが万能ではないって前提なのね……うちが最高ではないという前提、だとするとうち以外の教育は存在してないといけないのね、潰すもんじゃなくて、この世界の教育を全部フリースクールSに塗り替えるんじゃなくて、いっぱい教育のある状況の一パーツであればいい、というかそうあるべき。（久保さん 2013/10/18）

私一人でできることなんてたかが知れてるから……とにかく人間ってここなら大丈夫って所があっちこっちあったほうがいい、それは子どもの利益だから。（小西さん 2013/08/09）

これらの実践は、いわゆるインクルーシブ教育の観点からすると「包摂」に反すると映るかもしれない。しかし、不完全な組織がネットワークでつながり、層となって主流の学校から離脱した／排除された子ども・若者に応じようとする連携の実践は、オルタナティブスクールの実践者にとって「合理的」な「包摂」のあり方だと言える。大きな一つの枠組みですべての学習者を包摂しようと試みると、そこから少なからずの存在が「はみ出し」うる。オルタナティブスクールの実践とはそのような存在との関わり合いである。絶対的に正しいものを打ち立てずに、不完全でありながら、ネットワークを通じて、自身の組織とは異なる理念、実践の組織と連携し、層となって子ども・若者の主体性を尊重し、学習権や選択の権利を保障することの必要性がオルタナティブスクールの実践者によって意味づけられている。

選択肢はいくつかあるじゃないですか……自分に合う所を選ぶ権利っていうのが、学校って小中〔学校〕とか特に一択というような感覚もあったんで、どんな形であれ一回そこ以外の所に目向けたり、じっくりいろんなもの見たりとか、ここでないと〔いけないと〕言われてるわけじゃないから、ある程度学校も含めいろんなフリースクールも含め客観視して、自分で選んで「ここ」っていう感じでいろんな所見て言えるっていうようなところもあるでしょうし、そういう機会と権利は普通にあるもんじゃないかなと。（村田さん 2013/10/30）

子どもが主体であるというか子どもの権利を維持するっていうところに立ち返らなければフリースクール運動って成しえなかったんじゃないかと思うんですよね、そうでなかったら学校と一緒じゃないですか、場があるだけで塾と一緒で構わないし、だからどこもが子どもが主体っていうのを取り入れてるっていうか自然とそういう風ですよね。（竹内さん 2013/09/07）

以上から明らかなように、オルタナティブスクールの実践者は、「不完全性の積極的肯定」といういわば傘となる集合行為フレームを創発し、連携を行っている。ここであらためて強調しておきたいことは、相互作用を行う各組織がそれぞれの集合行為フレームを一つにまとめているのではないということである。各組織の集合行為フレームは、それぞれの独自性をもったまま維持されている。それぞれの組織が独自性をもち多様なままでつながりを構築するからこそ、様々な理由で主流の学校から離脱した／排除された子ども・若者の力になれると意味づけられている。

5 小　括

本章は、オルタナティブスクールがその複数性と差異にもかかわらずネットワーク構築を実現していることに着目し、連携における傘となる集合行為フレームとその創発過程を分析した。得られた知見を整理すると以下の通りである。

それぞれの組織の集合行為フレームは多様でお互いを差異化し合い、時には批判し合っている。つまり、ネットワークでお互いに連携しているのであるが、決して同じ理念や目的を共有しているというわけではないということがわかる。理念や目的が異なっているにもかかわらず多様な組織間で連携を行うことのメリットとして、子ども・若者に合った他の組織を紹介ができることが語られる。しかし、他組織の紹介という行為は自身の組織が「選択されない」という事態につながりうるため、それぞれ独自の集合行為フレームの正当性に揺らぎを生じさせることとなる。そしてその揺らぎを経験した実践者は「不完全性の積極的肯定」という傘となる集合行為フレームを創発することで連携を継続し、それを通じて子ども・若者の主体性と権利を維持することを目指している。この「不完全性の積極的肯定」という傘となる集合行為フレームは、ある一つの立場やイデオロギーから導き出された作り付けのフレームで各成員がトップダウンでそれを受け取るのではなく、それぞれの組織の活動に参与する者たちが、子ども・若者の教育・居場所活動を広げるという日々の日常的な活動を通じて、お互いの差異を踏まえながらいわばボトムアップで構築しているものであると言えよう。

自身の組織の集合行為フレームや実践への自信を保持しつつ、同時に自身の組織の不完全性を肯定するフレームを創発することによって連携が行われている。これがオルタナティブスクールのネットワークにおける互いに自律的であり違いを維持しながら達成する連携の技法である。本章が見出した知見は、理念や目的の共有ではなく、それぞれの独自性を残したまま連携を調整する上での技法である。重要なことは、この傘となる集合行為フレームは「教育文化」や「教育哲学」ではないという点である。そのような規範的な教育の理念や目的を共有しなくても、自分たちの実践は不完全なものであるというフレームの創発、そしてそれぞれの組織が不完全であるからこそ連携することに意味があるという意味づけによって、それぞれの違いを維持した上で連携は達成されている。すなわち、教育の理念や目的を一致させなくても、複数あるそれらを調整する機能を有するフレームを構築することによって、ネットワークに関わるオルタナティブスクールの実践者は連携を行い維持している。

第5章

つながりを開き続けるプロセス

1　討議のプロセスとしてのネットワーク

本章の目的は、オルタナティブ教育運動のネットワークが成員間のお互いの違いを経験しながら連携活動を継続させるあり方を分析することである。前章では、お互いに理念や目的が異なるオルタナティブスクール同士がネットワークでつながり合い連携する技法を明らかにした。しかしながら、連携とは一度達成されればその後も必ず安定的に続くというものではない。連携とは日々の実践の中でそのつながりを維持していくというプロセスとして絶えず進行し続けるものである。一度連携が達成されても、活動を続けていくなかでさらなるお互いの差異が発露したり、またそれまで想定していなかった異なる存在と出会うこともありうる。

第2章で述べたように、従来の国家とは異なったアクターであるＮＰＯなどの教育活動については、特に社会教育研究において公共性に関する多くの知見が見出されている（平塚 2003, 2004; 佐藤 2004; 高橋 2009）。そこでの議論は、共同性からなる活動が公共性へ開かれていくという展開が取り上げられている。しかしながらそれらの前提に対し、複数の存在による相互作用を捉えることと、既存の合意の省察を伴いながら妥協を形成していく継続的な討議のプロセスとして公共性を捉えることの必要性が示されている（福嶋 2007; 梨本 1993）。この指摘は、オルタナティブスクールのネットワーク活動に対しても当てはまるだろう。

公共性をめぐる討議のプロセスについて政治哲学者の齋藤純一は、討議への参加者それぞれの判断やその基準が批判にさらされ、それまでの合意の妥当性があらためて問われるという批判・反省の過程が起こり、それが合意形成に収斂する保証はないと指摘する（齋藤 2000: 34–35）。そして齋藤は、そうしたアポリアは「暫定的な妥協の形成によって乗り超えられるほかないだろう」とし、「討議にとって、合意を算出すること以上に重要なのは議論の継続（再審の可能性）を保障する手続きを維持することである」（齋藤 2000: 35）と述べる。また齋藤は、運動のメンバーがそれまで想定してこなかった新たな「異質なもの」の現れを阻害せず、属性や社会的立場に基づいた「何か」として判断するのではなく、その他者の意見と行為を「聴く」ことが規範的に求められると指摘する（齋藤 2008: 92–99）。

これら公共性をめぐる討議のプロセスのアポリアを踏まえて、本章はオルタナティブ教育のネットワーク活動において、それまでの成員が想定していなかった異質なもの同士の出会いという出来事はどのように経験されているのかを問いとし、ネットワーク活動のつながりが継続されていくプロセスを明らかにする。そこから、学校教育の周辺での実践や研究に位置づけられる公共性の議論において、実証的な知見を加えることを試みる。

2　フレームと出来事との弁証法

本章では、オルタナティブスクールのネットワーク活動の展開において、新たな他者との出会いにおける相互作用を分析する。その際の枠組みとして据えるのが、フレームと出来事の弁証法（the dialectic between frames and events）の視点である。

第3章で整理したように、フレーミング分析は、社会運動の信念といった意味の側面を構築主義的に分析する枠組みである。集合行為フレームは、その運動の外部に位置する特に「敵対者」となるアクターとの相互作用によって、そして運動内でのアクター間の相互作用によって構築されていると分析される。しかしながら、集合行為フレームの構築の要因となるのはアクターだけではないことが指摘されている。エリンソンは、社会運動組織が先に構築していた信念が、運動のアクションとそれに伴う特定の出来事を発生させ、そして逆説的に、その出来事が運動の理念の内容や形態そしてその正当性に影響を与え、その変容を迫りうることを明らかにした（Ellingson 1995）。その知見を踏まえてベンフォードとスノウは、集合行為フレームと集合行為やそれに伴う出来事との相互作用も、フレーミングの過程において分析課題となると整理する（Benford and Snow 2000: 627）。

本章は、オルタナティブスクールのネットワーク活動において、他者との出会いをめぐる出来事がネットワーク活動の意味づけや活動に影響を与える一連のプロセスを明らかにすることを分析課題とする。複数の組織が構築するネットワークは、それら組織のスタッフなどによる相互作用の空間として立ち現れる。その空間は一定の合意の上で成り立っているのではあるが、活動のプロセスにおいてその空間では既存の合意に対する問い直しが繰り広げられることになるであろう。以下ではそのプロセスを分析する。

3　既存の合意の問い直し

(1) つながりを開いていくというフレーミング

ネットワークにおいては、前章で明らかにしたが、集合行為フレームの異なる団体同士がつながるという点にその意義が見出されている。そしてネットワークの活動を展開させていく上においては、すでに連携している団体だけで完結させるのではなく、様々な団体にそのつながりを開いていくということが試みられる。

例えばその試みは、ネットワーク活動を立ち上げる段階において、その活動の名称を決めるプロセスから見て取れる。ネットワークAの立ち上げから初期の活動で中心的役割を担った坂本さんによれば、ネットワークAの名称をつけるのに「ほぼ半年」かかったという（坂本さんインタビュー 2013/04/11）。名称の案として「フリースクール」というワードが入った名称があがっていたのに対して、デモクラティックスクールの活動に関わっていたその時のメンバーから、「フリースクール以外の人たちが入ってもらいにくいから絶対嫌だ」（坂本さん 2013/10/12）という意見が出された[1]。

ネットワークAの名称に、様々な活動に関わる人が参加しやすくするという意味づけが込められているということには、様々な立場や問題関心からなる存在にネットワークの活動を開いていくというフレーミングプロセスを見て取ることができる。

（２）新たな加入者という他者との出会い

次に、活動を多様な人々に開いていくという方向性から生じる、新たに現れる他者との出会いという出来事を取り上げる。

ネットワークAは、様々な組織がつながり活動を行っているが、NPOとしての自律性を担保するために、(2)一条校や学校法人、予備校等を、ネットワークの規約によって原則的に排除するという形を取っていた。しかし、フィールドワークを通じて明らかになったことは、ネットワークAへの参入の可否は、組織の法人形態によって一律に決定されるのではなく、すでにネットワークの成員となっている組織と参入希望組織との間のできる限りの対話によって判断されているということである。新規参入の最終的な可否は理事の判断で決定されることになっているが、ネットワークAの理事の一人（インタビュー当時）である奥田さんは、その判断基準はお互いに協力し合って子どものための活動を行うことができる組織であるかということであると語っている（奥田さんインタビュー 2013/09/24）。

例えば、ネットワークAの活動にあるオルタナティブスクールの代表者が接し始めた際の会議にお

（１）本来であれば、ネットワークAの実際の名称を示すことでこの事例は理解しやすくなるだろうが、匿名性確保のため実際の名称を伏せて記述している。

（２）平塚眞樹は、教育に関する活動を行うNPOにおいて、「自分たちが蓄積してきた事業や専門性の質は、「市場における教育事業」はもとよりだが、既存の「行政による教育事業」の枠組みでも追求困難な、その枠を越えでる性格を持つものとの認識がある」と分析している（平塚 2003: 47）。

いて、すぐにそのオルタナティブスクールをネットワークに加盟させるのではなく、スタッフ間の交流などを通じてお互いの信頼関係をつくることが先決だとされた（FN 2013/09/07）。ネットワークAに新たなオルタナティブスクールが加盟するかどうかについては、会議等での討議を経て、慎重に決定がなされている。

特に、ネットワークに「サポート校」とみなされる組織が加盟する際にとりわけ大きなそして論争的な討議が行われた。サポート校は、通信制高校に在籍する生徒の卒業資格取得をサポートする民間の施設とされる（東村 2004; 内田 2015, 2016 など）。当時のネットワークAに関わる人たちの間では、サポート校は既存の学校の補完物や営利目的の活動と捉えられがちであったため、ネットワークAへの加盟において成員の間にコンフリクトが生じることとなった。以下、サポート校としての事業も行うとあるフリースクールが加盟を申し込んだ際の成員間の相互作用の過程を取り上げる。

このフリースクールがネットワークAへの加盟を申し込んだときに、それに対する反対の声がネットワークの成員内から起こった。

〔このフリースクールが〕ネットワークAに入るときちょっと揉めて、ある人が「あそこはサポート校じゃないですか」って〔意見を出して〕……「じゃあ一回会議に来てください」って〔このフリースクールの代表者を呼んだと〕いうことがあった。（坂本さん 2013/10/12）

その際に、当時ネットワークＡのとりまとめをしていた坂本さんは、会議にこのスクールの代表者を呼び、話し合いの機会を設けた。その際には、お互いが協力し合えるかどうかについて照らし合わせが行われたという。当時その話し合いが行われた会議に参加していた奥田さんは、次のようなことをそのフリースクールの代表者と話したと語る。

代表の方とはストレートに話しました、「提携している通信制高校ってお金儲けしてる高校なんですか？」とか、「ほかにどういうつながりをもつ通信制高校なんですか？」とか、「あなたはどういう経緯でこのスクールを立ち上げられたんですか？」とか。（奥田さん 2013/09/24）

その機会を経て、このスクールの代表者による自分の活動に対する考えやこれまでの活動の経緯等の説明があり、その結果ネットワークに加盟することとなった。奥田さんは、そのスクールの代表者との対話において相手の意見をなるべく聴こうという姿勢で応じていたと語る。

話を聞いたら、つながっていくことによって何かしたいっていうものをもっておられる、だから結果蓋を開けてみたら、こないだのイベントとかの運営とかに関わりたいと言ってくれた、だけどビジネスライクに考えてたらああいう運営の場は多分邪魔臭いから来ないと思う……お互い出せるものは出し合ってコミュニティを確立していくか助け合うという意味で、その子たちがどこかに所属できるような何かしら社会につながれるような手助けをする組織体でありましょうみたいなことが言い合えるかどうかみたいな。（奥田さん 2013/09/24）

このように、ネットワークの活動を継続していく過程においては、NPOとしての自律性を担保するために参入者のスクリーニングが行われるが、一方的な排除ではなく対話の機会が設けることが試みられている。サポート校という属性に基づく原則的な排除という考え方を、新たな他者との出会いという出来事から問い直し、相手の意見や行為を聴くという組織間の対話を経て、新たな合意が形成し直されている。

（3）合意の見直し

このような新たな他者との遭遇という出来事は、それまでに構築されてきたネットワークの活動における合意の見直しと再定義という事態を引き起こし、その再構築を迫ることになる。前項ではサポート校とみなされる組織の加盟におけるプロセスを見たが、ここでは、中間支援組織（複数の活動組織をつなぎ支援する組織）がネットワークAに加盟するかどうかについての討議の事例について見てみよう。

ネットワークAに加盟できる組織は、オルタナティブな学び・育ちの場として活動する組織とされてきたが、教育に関する中間支援組織の加盟ついての話がある時の会議において出された（FN

2012/06/28）。奥田さんはその時に「中間支援をしたいと思ってる人がドンドコドンドコ増えていったら、はたしてこのネットワークＡというのは何をする団体なのかぼやけるよね」（奥田さん 2013/09/24）といった迷いが生じたと語る。そして理事を中心とした話し合いを経て、「協力団体」という新たな成員の枠組みをつくることとなった。

整理しよう〔という話になった〕、ネットワークＡっていうのは支援をするもしくはそういう人たちをつなぐネットワークキングをする組織だよね、だからそこに入る〔＝加入する〕人たちはこういう人たちだよねっていう整理をした、例えばひとつひとつ例を考えていって、こういう時はこうしようこういう時はこうしようだからこういうルールだよね、後はそれぞれの所属している理事の個人の知識による精査しようねってルールにした。（奥田さん 2013/09/24）

これらの事例から見て取れるように、ネットワークにはその活動が寄って立つルールという既存の合意が存在するが、その合意は省察的に吟味しながら問い直し続ける対象とも認識されていることがわかる。つまり、ネットワークの活動における成員間の合意は一度形成された形が続いていくというよりも、継続的な討議の過程を経て妥協を繰り返すという形で構築されている。その省察的な過程とは、運動のフレームが、それまで想定されていなかった他者との遭遇という出来事との相互作用によって再構築されていくというプロセスと位置づけられる。

4　出会いという出来事を経た上でのフレーミング

以上の出来事を経験した上で、ネットワーク活動におけるフレームはどのように構築されていったのだろうか。ネットワーク活動で示される方向性と、その活動に見出される意義についての語りから検討する。

（1）単一の理念の否定

ネットワークAの活動においては、成員の多様性を担保するという積極的な理由から、単一の理念を提示することが意図的に避けられている。坂本さんが「一つの方向性みたいなものをネットワークAが出しちゃうとそれは俺は違うとかっていうことに絶対なるんですよ、多様な人たちや多様な団体がいるから」（坂本さん 2013/10/12）と語るように、ネットワークがある一つの理念を掲げると、多様性を排除あるいは同化する働きになる。そのため、ある一つの理念に正統性をもたせるということを積極的に否定することで、異なる組織が一つの理念に同化されずにつながることが戦略的に目指されている。松井さんも、複数の組織が単一の理念を共有することを避けるべきだと強調する。

おのおのの所の団体とかスタッフとかがいいと思ってやってるってことに関しては、それは尊重されるべきだと思ってる、ただ、自分所が絶対正しいのであって「自分の所のようなやり方をやらない所はダメなんだ」みたいなこと言い出したら徹底的に戦うとは思います。（松井さん 2013/10/10）

異なる多様な組織が構築するオルタナティブスクールの組織間ネットワークは、単一の理念を掲げず、むしろ積極的に否定している。異なる組織につながりを開いていくプロセスが経験されながら、単一の理念を積極的に否定するフレーミングがなされている。

（2）道具的な機能の意義

理念の共有を掲げないネットワークにおいて、つながりをつくり広げる上での意義として語られるのが、それぞれの組織の活動の幅を広げるための資源や情報の共有という道具的な機能についてである。オルタナティブスクールのネットワークにおける道具的な機能として、子ども・若者の活動や学習における交流、スタッフの研修や交流、運営上必要な情報や道具や施設等の資源の共有等があげられる。また、前章の分析で取り上げた語りにもあったように、子どもに合った他の組織を紹介し合うこともネットワークAでの連携のメリットとして語られている。

松井さんは、ネットワークAの活動を行う動機について、「協力していかないと、この業界自体が強くならないいんじゃないかっていう思いがあるからネットワーク活動をやりたいんですよ」（松井さん

2013/08/22）と述べる。ここで語られている「強く」なるという言葉は、それぞれのオルタナティブスクールが協力することによって、一団体ではできないような活動も行うことができるという意味である。また、奥田さんもネットワークの機能を「建設的にいろいろ話をする場であるし、何かをやっていく、それぞれが乗り入れてできないところを助けてもらうようなことを交渉する、そういう場」（奥田さん 2013/09/24）と言い表す(3)。

小さいながらにやってるコミュニティで、同じような運営形態で、でも違う分野でおられる方のお話を聞いて、上手くいっておられるとしたらなぜそう上手くいってるのかを、関西のその規模でなぜ上手くいってるのかをお聞きするほうが反映しやすいし、助けてほしいと思ったらすぐアクセスできる。（奥田さん 2013/09/24）

ネットワークAの会議で集まるときに建設的な話をするじゃないですか、こういうイベントがしたくてこういう年齢の子がいるんだけどどっていうときに、ウチはこういう子がいてってだいたいまあその場でシェアするので、そこで情報が〔共有できる〕。（奥田さん 2013/09/24）

道具的機能にネットワークAの意義を見出す語りは、広く社会にメッセージを発信するというアドボカシーの機能からの差異として語られる。アドボカシーの機能を重視している活動として次章以降で分析するフォーラムB実行委委員会が結成されるきっかけとなるネットワークCがあげられ、その活動との違いが語られる。

ネットワークAは何か協力できることはないですかねってテーマ全般〔について話している〕、そのなかでスポーツ交流って話が出えの物品の交換って話が出えの、ネットワークAのほうが具体的だと思う、ネットワークCのほうが明確な社会的ミッションとして動いてる、ネットワークAは日常の子どもたちの活動があってその活動をより充実させるためにって要素が強い、どちらがより市民活動的かっていったらネットワークCのほうかな、社会に対してあるメッセージを発していく。（久保さん 2013/10/18）

アドボカシーの機能よりも道具的な機能にその活動の意義を見出す語りは、ネットワークのつながりを開いていくプロセスにおける出来事を経て構築されていると考えられる。

（3）お互いの活動を参考にし合うという意味での情報共有の重要性が語られているが、その一方であるフリースクールのスタッフからは、子どもの個人情報等は、その子どもの体質や体調など活動を行う上で共有が必要なこと以外は「できるだけ言わんように」（東さん 2013/10/29）しているとも語られている。ここからも、組織間でコミュニケーションをとっているからといって、団体内と同じ規準で情報がやりとりされているわけではなく、あくまで別団体としての「連携」であると位置づけられていることがわかる。

5 小　括

以上本章では、オルタナティブスクールが構築する組織間ネットワークがその活動を継続させていくプロセスの上で経験される、出来事とフレーミングの関連を分析した。ネットワークAにおいて、様々な団体がつながることが重視されるが、それまでの想定とは異なる新たな加盟希望団体との出会いが経験され、ネットワークAの活動におけるルールが見直されるというプロセスが確認できた。そのような出来事を経た活動への問い直しが経験された上でネットワークAの方向性とその活動の意義は、単一の理念を否定と道具的な機能として構築されていた。

以上の分析から、ネットワーク活動における継続的な問い直しのプロセスを見て取ることができた。複数の団体が連携しネットワーク活動を構築した後も、その活動を続けていく上で経験する様々な出来事を経て、その活動のあり方は問い直され続けていることがわかる。すなわち、ネットワーク活動の理念としての集合行為フレームは、成員間の差異の顕在化や新たなアクターとの出会いといった出来事を踏まえて、それまでに構築されていたフレームを省察する形で、弁証法的にフレーミングし直すプロセスを経ていることが見て取れた。そのプロセスにおいては、ネットワーク活動のフレームが揺るがされ、問い直され続けることが経験されていると指摘できるだろう。

公共性を妥協と討議の継続というプロセスと捉える議論から考えるならば（齋藤 2000, 2008）、フレームと出来事の弁証法と言えるディスカーシブなプロセスは、その一つの具体的なあり方として捉えることも可能ではないだろうか。

第6章
多様な活動のつながりが社会に発信するメッセージ

1　フォーラムの目標設定の難しさ

第4章と第5章では、オルタナティブスクールがそれぞれの教育・居場所活動を行う上で協力し合う日常的なつながりのネットワークAを分析した。特に第5章で明らかにしたように、ネットワークAの活動においては、オルタナティブ教育の必要性やその活動の意義を行政や広く社会に訴えかけることはネットワークの目的として示されず、ほとんどなされていなかった。それに対し、同じ地域である関西で、オルタナティブ教育に関するメッセージを広く発信することを目的に行われたのが、一般公開イベントであるフォーラムBである。フォーラムBは、様々なオルタナティブスクールが協賛団体となってそれぞれの活動を紹介するブース出店を行い、それぞれのスクールの関係者やスタッフなどが実行委員会や広報などに参加する形で実施された。

これまでの章で述べてきたように、オルタナティブ教育運動において合意形成とは、それぞれがもつ意見や考えとの間に矛盾や葛藤をはらみうるものである。この矛盾はフォーラムBを実施する上で、その実施に関わる者たちの間でどのように経験されたのだろうか。すなわち、このような広くメッセージを発信する活動において、複数の団体やメンバー間で、フォーラムBを行う上での目標やそこで発信するメッセージの内容などについての合意形成はどのようにしてなされていたのだろうか。

本書がこの点を問うのは、「実現する会」の活動が「分裂」や「対立」を引き起こしたという批判を踏まえるためである。「実現する会」は、第1章で整理したように、オルタナティブ教育に関わる様々なアクターが合流し「学校教育のみでなく多様な教育を認め、公的に支援する道を仕組みとして作り、子ども・親が選べるようにする」（奥地 2017: 19）ことを目標に据え、「教育機会確保法」の立法を推進する運動を展開した。そしてその立法を求めるプロセスにおいて関係者間の合意形成が十分になされず、「分裂」「対立」という状況を引き起こしたと批判された（南出 2016; 山本 2016; 横井 2018）。

フォーラムBが開催された時期は、「実現する会」が「教育機会確保法」の立法を目指し精力的に動いていた時期と重なっている。第3章でも簡単に触れたが、あらためてフォーラムBと「実現する会」の関係について述べておく。第3章の最後で述べた通り、フォーラムBの開催は、関西でオルタナティブ教育に関わる人たちによるネットワークCの活動がもととなっている。ネットワークCでは、フォーラムBの開催以前の二〇一〇年から一般参加者に公開されたイベントを何度か行っていた。第一回のフォーラムBは、このネットワークCでの活動の流れの上で企画され、二〇一四年一月に開催された。その一方で、「実現する会」は「オルタナティブな学び実践研究交流集会」[1]（以下「実践研究交流集会」と表記）と題する一般公開イベントを、二〇一四年二月に東京で開催していた。「実現する会」の第一回「実践研究交流集会」終了後に、「実現する会」から関西のメンバーに対して、イベント参加対象者の間口を広げるため翌年二〇一五年に「実践研究交流集会」を関西で開けないかという打診がなされた（FN 2014/3/15）。関西で第二回フォーラムBの実行委員会が立ち上げられた際に、その「実現する会」からの打診が確認され、フォーラムB実行委員会が主催する第二回フォーラムBに「実現する会」が共催するという形での開催を引き受けることとなった（FN 2014/3/15）。それ以降、「実現する会」の「実践研究交流集会」は東京と東京以外の地域で隔年で持ち回る方針となり、二〇一七年二月の第四回フォーラムBも「実現する会」が共催する形で開催された。(2)

このような流れの中で、関西でのフォーラムBならびにその実行委員会は活動を行った。本章の分析でも取り上げるが、第二回と第四回のフォラームBに「実現する会」が共催となる際に、フォーラムB実行委員会で共有されたのが、「教育機会確保法」の立法を目的としていた「実現する会」の「カラー」が入ってくることに対する懸念や（FN 2014/3/15）、様々な意見をもつ人たちの間で「対立を煽るようなことはやりたくない」という点であった（FN 2016/5/21）。すなわち、「実現する会」の「実践研究集会」が「教育機会確保法」の立法に向けたメッセージを発信することを目的としていたのに対し、関西のフォーラムB実行委員会では、そのような法律をめぐる明確な目的を示すことによって引き起こされる問題が認識され共有されていた。

しかしながら、関西のグループはフォーラムBという何らかのメッセージを発信するための公開された一つの活動を実施している。ということは、外部に可視的な動きとしては、複数のアクターが一

（1）「実現する会」による「オルタナティブな学び実践交流研究集会」は、二〇一六年二月開催の第三回以降「多様な学び実践研究フォーラム」に名称が変更されている。
（2）二〇一九年三月の第六回「多様な学び実践研究フォーラム」は福岡で開催され、「実現する会」、九州で結成された実行委員会、フリースクール全国ネットワークの三者が主催となっている。

つの形にまとまってメッセージを発信していると捉えられる。そのような活動においては、発信するメッセージの内容や、それを発信する目的など、フォーラムの目標についての合意形成が必要となると考えられる。

関西の活動においても、「実現する会」に向けられたのと同様の批判は成り立つのであろうか。つまり、フォーラムBの活動においても「実現する会」の動きへの批判が指摘するように、オルタナティブ教育運動に参与するアクターたちは複数の立場や意見の間の議論や合意形成を無視していたのだろうか。このような問題関心から本章は、フォーラムB実行委員会の活動を事例に、関係者の相互作用を分析することで、オルタナティブ教育運動がいかにその運動の目標を構築しているのかを明らかにすることを目的とする。

そしてその点を分析するために、先行研究が行ったようにメディア上での主張や議会に対する陳情などに表れるアクターの言動だけを根拠にするのではなく、外部に対する可視的な表明の背後にある潜在的な側面における関係者の相互作用に目を向ける。具体的には、実行委員会のメンバーがフォーラムBという一般公開のイベントの準備におけるつながりの中で繰り広げてきた相互作用を分析対象とし、そこで経験される運動の目標の構築プロセスにおける困難やそれへの対処を分析する。

2　フォーラム実施におけるフレーム論争

運動の潜在的な側面での参与者の相互作用を分析するにあたり，本章ではフレーミング分析におけるフレーム論争（frame dispute）の視点を採用する。ベンフォードは，社会運動組織の集合行為フレームが構築される際に，敵対する存在やオーディエンスなどの運動の「外部」との相互作用だけでなく，運動の「内部」でもそれが起こることを指摘した（Benford 1997）。フレーム論争とは，その運動「内部」での，「問題」（診断フレーミング）や「解決法」（予測的フレーミング）についてのリアリティやその提示方法といった，フレーミングをめぐる論争的な相互作用のプロセスである。すなわち，ある社会運動において，そのリーダーが好きなようにフレームをつくりそれに参与者が同調しているといったように，運動を「一枚岩」と捉えるのではなく，その運動の「内部」の構成員と位置づけられるアクターたちの間にもフレーミングをめぐる不一致がありえ，相互作用を通じて一定のコンセンサスとしての集合行為フレームが構築されていると捉える。

この視点を採用すると，先行研究が指摘した「教育機会確保法」の立法をめぐるオルタナティブ教育運動の「分裂」に対して異なる分析が可能になる。運動の可視的側面に現れる主張の分析においては，意見の対立は「分裂」の現れ以外の何物でもなく，それは運動の脆弱さの現れと捉えられ，それを乗り越えることが要求される（南出 2016; 山本 2016）。しかしながら，社会運動を，「内部」のフレーミングの不一致を前提に、そこでのフレーム論争によってダイナミックに構築されるものと捉えるならば、意見の相違による論争は「運動の日常における、本質的とは言わないまでもきわめて重要な特徴」(Benford 1993: 698) である。ベンフォードは「メディアや敵対者や分析者によって、運動は一枚岩的な実在物 (monolithic entities) と扱われる傾向にあるが、そのようなことは滅多にない」(Benford 1993: 698) と述べる。何が「問題」でありその原因は誰に帰属されるのかをめぐっての診断的フレーミングや、その解決策として運動が主張する内容についての予測的フレーミングも、運動内部におけるディスカーシブで論争的な相互作用を経て構築されるものとして捉える。もちろんそこで必ず合意形成がなされるとも限らないのである。

本章は、可視的には「分裂」「対立」と映るオルタナティブ教育運動の立法活動をめぐる状況の背後で、運動参与者たちはどのような意見の不一致を経験し、運動としてのコンセンサスを見出そうとする上でいかなる困難が表れるのか、そしてその困難を踏まえて運動参与者たちが試みた対処はどのようなものだったのかを分析する。

3　目的の複数性とデモクラシーの重視

(1) 学校教育と立法活動に対するスタンスの違い

フォーラムBにおいて、実行委員が重視するのは人のつながりの空間の形成である。それぞれの組織の枠を超えてアクターがつながり、ネットワークを構築していく場としてフォーラムBは位置づけられる。しかし、フォーラムB実行委員会のアクターは単一のアイデンティティや理念に還元されるのではない。他者との違いが意識され、その違いの上でつながりをつくることが意識されている。それは、不登校という問題意識から捉える考え方と不登校という事象にこだわらずより良い教育を求めていく考え方との違いや、それらを実践する上で重視するものの違いなどとして語られる。

もともとスタンスが違う、理念を大切にして理念のもとに教育方法を打ち立てて運営してるところと、理念というよりは子どもの状況をちょっとこう大切にしよう……みたいな、よく言われるそれに、立ち位置がちゃうなってていうのがあって。（中井さん 2016/12/11）

これまでのオルタナティブ教育運動の議論では、「敵対する相手」には学校が位置づけられてきた。「実現する会」の中心的メンバーの言葉を見ると、学校といじめや体罰を結びつけその対極としての子ども中心の教育の必要性や（奥地 2017）、「学校至上主義」への対抗としての連帯が語られている（喜多 2017）。しかし、実行委員会において、主流の学校に対しては複数のスタンスが示されている。学校の校則の不合理さや体罰に言及し「すべてが学校優先っていう今の社会に対してそれは問題ある……これはもう否定しようがないと思うんやけど」（小西さん 2016/11/26）と批判的な意見もある一方で、「義務教育とかっていうくくりでいうと、やっぱり必要だと思うんですよ、基礎学力っていうのがないと何をするにもやっぱりそこが基本になってきますし……国が教科書をつくって義務教育としてここまではやってくださいっていうそのことに関してはそれは素晴らしいことやと思うんです」（上野さん 2016/11/26）というように主流の学校の意義を認めている語りも現れる。診断的フレーミングにおいて、成員間での相違が現れている。

そのような状況において、主流の学校を「敵対する相手」として位置づけてのオルタナティブ教育の連帯という方略は批判的に捉えられることになる。

公教育を敵視して、「だから学校の先生は」とか「教育委員会は」みたいな語りは僕はあまりしっくりこないので……敵とか味方とかつくるのやめましょうっていうのはしばしば思って……敵がいると結束するっていうのって多分自分たちがマイノリティであるっていう自覚からそうなるんだと思うんだけど、公立学校に対してオルタナティブとかフリースクールだっていう風にするときに、一人ひとり違ってしかるべきだし。（木下さん 2017/2/24）

実際に第四回のフォーラムにおいては、「公教育とオルタナティブ教育のアウフヘーベン」と題した分科会で、公立学校の教師による実践報告と交流が行われている。

また、先行研究においてオルタナティブ教育運動が目標として追求してきたとされる法制度化に対するスタンスの違いも現れる。つまり予測的フレーミングをめぐっても、成員間の意見の違いがある。

斉藤さんは、「教育機会確保法」が「不登校支援」に限定されてしまっているため、不登校児への対応に限らず多様な学びの場を保障していく法制度の必要性を述べる。

そういう学校〔オルタナティブスクール〕が義務教育として認められるというのをね、希望したんですけど、今のところ〔「教育機会確保法」は〕不登校対策、不登校支援法案になってて……うまく花咲かせるまでにはちょっと時間かかるなと思いますけどね。（斉藤さん 2016/12/19）

このようにオルタナティブ教育を法制度上に位置づけたいという考えがある一方で、法制度化に批判的な意見もある。

フリースクールとかが結局認められていくことで〔不登校の子が〕家で過ごしてるとかっていうこととか、逆に言ったら疎外されてるっていうようなことになる可能性ってあると思うんですけど……学校に行かなかったらフリースクール〔に行くことになる〕とかってなることが、なんやろ……どこかに行くっていうか、サービスを受けるみたいなことになるっていうのも、すごい違和感があって。（高田さん 2016/11/21）

このように、運動に関わるアクターは、単一の理念に一体化しているとは言えない。主流の学校に対するスタンスや運動の目的、すなわち診断的フレーミングや予測的フレーミングをめぐって、意見に複数性が存在する。「教育機会確保法」をめぐってオルタナティブ教育運動が「分裂」「対立」したという指摘もあるが、上記の語りから明らかになるように、オルタナティブ教育運動はそもそも別々の考えや目的をもつ複数のアクターによって構築されたものであることがわかる。

（2）討議のプロセスの重視

複数の立場や意見からなる実行委員会において重視されるのが、「フラット」であることと、複数の立場からのコミュニケーションの構築である。

まず「実行委員会」という形式を採用する意味について述べておく。この実行委員会は、毎年その年のフォーラムを終えるとともに解散する。連続で実行委員となっている人も一旦解散した上で次回の実行委員にあらためて参加している。その理由として「組織維持のための組織みたいになる」（宮本さん 2017/1/4）ことへの批判がある。組織が固定化されることを避け、かつメンバーが主体的に動けることに重点を置き（斉藤さん 2016/12/19）、毎回メンバーを募るという形式をとることになる。

実行委員会内の関係性においては「フラット」であることが意識される。第四回の実行委員長は宮本さんであるが、「実現する会」とのやりとりや会場の手配等の必要性（会場は宮本さんが所属する大学のサテライトキャンパス）からその役割についており、実行委員会内での発言力は他のメンバーと変わらないと認識されている。

トップダウンとか成果主義とか嫌いなんで、そういうものから縁遠いところのほうがいいなと思って、別にさ、宮本さんとか斉藤さん〔最年長の男性〕とかが何か言ってもそれそのままはみんな受け取らないっていうか、彼らの言ってることを実現しようとしてる実行委員会ではないわけで、そういうのって大事だなと思うけど。（木下さん　2017/2/24）

実際に、宮本さんが自身の担当する分科会で使用する資料をフォーラム参加者全体に配布したいと実行委員会で提案した際には、他の分科会でも同じ対応をする必要が出てくるためという理由から即座に却下されている（FN 2016/12/27）。

もちろん軸となるのは宮本さんを中心にみんな関わってるんだと思いますけども、それがフラットっていうか、みんなで話し合って一からつくっていくんだっていう、そういうところがすごく特徴的なんかなと思いました。（上野さん　2016/11/26）

また、「フラット」であることが意識される実行委員会において、メンバーが意見を表明することやすでに決まっていることへの疑問を表明することは頻繁に行われることになる。第四回の実行委員会において最も根本的な問いとして立ち上がったのが、「子どものための教育」に対する問い直しである。木下さんが会議において、「子どものための教育」というキーワードが「良いもの」だという前提に対して、「それについて考えたい」と発言した。それを受けて、フォーラムBの方向性として「良いこと」を広めていくのではなく「教育」を問うということを共有する」ということが確認された（FN 2016/6/19）。

もちろん、表明をためらわれた意見がないとは言い切れない。しかし、それが認識された上で、実行委委員会の空間は、「民主的」（森本さん 2016/12/19）と表現され、複数の意見や立場が「いろいろあっていい」場であると認識されている。

フォーラムの実行委員の会議の時にこういう感じでやりたいんだけどっていう共有を話し合ってたから、それでちょっと違和感があればそこで話が出たんではないかと、違和感があったとしてもそれはそれと思ってる人ももしかしたらいるかもしれへんし、いろいろあっていいんじゃないかと思ってはる人もいるんじゃないかと思うし。（中井さん 2016/12/11）

以上のように、実行委員会は、複数の立場や意見をもつアクター間でのフラットな関係性からなるコミュニケーションのプロセスに価値を見出している。そこでは異なる意見が存在するという前提からスタートするのであるが、それを一つの合意へとまとめ上げるよりも、複数のアクターが関係性を構築し討議を行う空間、すなわちデモクラシーに意義が見出されている。フレーム論争を収斂させようとするよりも、むしろそのプロセスを開いていこうという試みがそこに見受けられる。

4　運動内の複数性の重視と目標設定の両立の困難

デモクラシーを重視する実行委員会において生じるのが、教育運動としての目標設定の困難である。ある要求を掲げその実現を目標に集合的に行為することは教育運動において不可欠とされるが[3]、複数の立場や考えの尊重を重視するがゆえに、運動として要求する内容と、そのためにとる手段についての合意形成が困難になる。

それはまずは要求する内容、すなわち教育の価値や方法に関する合意形成の困難として現れる。

多分やっぱり〔教育についての〕やり方とか考え方とかが多少違って……そのような話になると結局はある程度距離感をもってお互い活動してるのがその部分に関してはいいので、その議論によってはあまり生産的でなかったりとか、その場〔実行委員会〕でするに適さない議論になってしまうこともあるでしょうしね。（森本さん　2016/12/19）

（3）　広瀬隆雄の教育運動の定義「現在の教育秩序によって生みだされた諸問題を解決するために、あるいは新しい教育関係を創出するために、一つの社会権力として、教育に関する特定の目標・理念・要求をかかげて行動する、人々の持続的・集団的な活動」（広瀬　1989a: 11）に基づく。

そして要求設定の困難は、要求する内容に関してだけでなく、議会や行政に要求することを運動の目的とするかどうか、すなわち手段についての合意形成の困難としても立ち現れる。先に述べたように、運動内には、法制度化といった形で国家に「認めさせる」という手段に対する考え方も複数ある。次の語りは、フォーラムBで何を目的とするかについての話し合いの際に、法制度化について意見の違いが現れたことについてのものである。

〔フォーラムで〕どういうことをしたいかってなったときに、各活動をしてるそれぞれの理念があるからそこで、今の一条校ではなくて市民でつくっていく学校を認めてほしいっていうようなスタンス……そうは言っても今悲鳴を上げている子どもとかしんどい思いをしてる子どもに同じ制度を適用してしまったら追い詰めるんじゃないかっていう〔スタンス〕……多分そういうことのすり合わせやったんちゃうんかなと。（中井さん 2016/12/11）

このように運動としての要求設定における内容と手段の両方に合意形成の困難が生じているのであるが、その困難への一つの対処方法として、リーダーによる牽引が考えられる。しかし、それでもリーダーを立てることによって組織が「フラット」でなくなることの問題のほうが深刻に位置づけられ避けられることになる。

リーダーっていうか、間に立って中立的に引っ張っていける人が必要なのかなと思いつつ、でもそうなるとフラットな感じがなくなってしまうような気もしていて。（原田さん 2016/11/24）

また、一つの目標を設定することが運動内での「分裂」「対立」を引き起こしてしまうという危険性も認識されている。それは、「実現する会」が「教育機会確保法」を成立させることを目標に置き「対立」と呼ばれる状況に結びついたことについての批判的な語りとして現れる。

最終的な目標みたいなものが拡散してる状態……まだ何かこれを実現するみたいなのがない、それができてしまうとやっぱ対立したよねみたいなのがこの一年二年の話なんかなっていう。（高田さん 2016/11/21）

その結果、「教育機会確保法」に関してフォーラムＢがどのようなスタンスに立つのかということを明確にすることが難しくなる。

〔教育機会確保〕法案がいろいろな変遷を経ていくなかでその法案ができることで、いいか悪いか蚊帳の外か……マイナスのほうが大きいかプラスのほうが大きいかみたいなんは微妙にそれぞれ違ってくるような場面が出てくるよね、そういう場面で〔法律に対するスタンスを〕言うのは、下

手したらとても難しいことになるんだけども。（宮本さん 2017/1/4）

その上で、実行委員会は、要求設定についての合意形成とデモクラシーとの両立において葛藤を抱きながら、そしてそれを葛藤と認識した上で活動を行っている。

具体的な目的を取りに行くっていうこととプロセスそのものを大事にするということのその両立って難しい、ものすご難しいことよそれ、でもそれがものすごい難しいことやという前提が十分わかってるから耐えられるっていうところがあるんやと思う。（宮本さん 2017/1/4）

以上のように、運動としての要求設定とデモクラシーの重視との間に葛藤が生じ、困難となって現れていることがわかった。実行委員会はこの困難を有しながら運動を継続させているのであるが、次節ではその困難への対処を分析する。

5 討議を経ての目的の再構築

(1) 政治的な働きかけではなくつながる場として

デモクラシーと要求設定の両立の困難に対して実行委員会がとった対処法は、運動の目的を「ゆるい」ものに設定するという点で合意形成をすることであった。まず、フォーラムBにおいて法制度化を要求するといった目標は提示されないことになる。

それ〔「教育機会確保法」〕を前面に押し出すっていうのは、法案が進むなかで賛否が分かれたりとかしたこともあって、対立を深めたいわけじゃないと、だから、議論することも大切なんですけど、法案ありきではないことは心掛けようと。（中井さん 2016/12/11）

法制度化の要求を手段として定めると、それに対する意見の違いの噴出が避けられず、つながりの構築が不可能になる。そのため、実行委員会はあくまでフォーラムBの目的は人々のつながりの構築であるとし、法制度化の要求については掲げないことを選択した。(4)

（4）第二回と第四回のフォーラムにおいては、「実現する会」が中心となって企画した分科会において、法制度についてがテーマとなっている。しかし関西の実行委員としては、「私たちはやっぱりこっち側のあれ〔関西の実行委員会〕だから、それ〔法制度についての分科会〕も一部に入れてるという感じですかね、向こう〔「実現する会」〕からやってくれという要請があったんでね、こっちは最初から開こうということではなかったから」（斉藤さん 2016/12/19）と語られるように、あくまで別の動きであると位置づけられている。

（2）「認めさせる」ではなく「知ってもらう」という目的

そして、フォーラムBは「ゆるい」目標を据える。それは「いろいろなオルタナティブ教育を知ってもらう」という目標である。第三回のフォーラムでは副題として「子育ても教育もいろいろあっていい」というフレーズが掲げられた。また第四回のフォーラムの目標として「裾野を広げる」ということが実行委員会で共有された（FN 2016/5/21）。実行委員会が設定した目標は、「実現する会」の活動から描かれてきた政府や行政にオルタナティブ教育の価値を「認めさせる」こと（奥地 2017）とは異なり、主流の教育以外にも多様な価値観や生き方があるということを多くの人々に「知ってもらう」というものであった(5)。

〔何か一つの〕これを実現するみたいなのではなくて、でもみんな全然フリースクールとかも知らんやんっていう、それはやっぱ知ってほしいよねとか、そこらへんやったらみんな共通の目標にできるところがあるっていうか、だからそこで別に喧嘩する内容はない、その目標をゆるいと言えばゆるいのかもしれないけど、でも必要やんねって、みんな知ってもらわないと、何か変えようと思っても力にならないよねっていうことは明らかやと思うんですよね。（高田さん 2016/11/20）

特定の要求を掲げその達成を目指す連帯を教育運動と捉えるならば（広瀬 1989a: 11）、運動としての要求設定における合意形成ができないということは、困難を乗り越えることの「失敗」とみなされうるかもしれない。しかし実行委員会ではそれを「失敗」とはみなしていない。実行委員は、「何をどう要求するか」の合意形成ではなく、「いろんなものを知ってもらう」という合意を形成している。多様な考えや実践が社会の中に存在していることを人々に「知ってもらう」ということがオルタナティブ教育運動において最も必要なことだと認識されており、一つの要求を掲げて公的な権力から認められるよりも、なるべく多くのアクターがつながり社会の中にその存在を示していくことが必要であると位置づけられる。困難や葛藤を経験しそれを踏まえた上で導き出されるこれら一連の行為は、実行委員の彼ら彼女らにとっては「失敗」ではなく、合理的な行為であると言える。

6　小　括

本章は、オルタナティブ教育運動の可視的な動きの背後における、運動の目標設定をめぐる「内部」の構築過程を分析した。得られた知見をまとめると以下の通りである。まず、オルタナティブ教

（5）　知ってもらいたい内容として「いろんな教育の楽しさや面白さ」（竹内さん）「学校以外の価値観の人がいること」（高田さん）「そこでちゃんと子どもたちが育っていること」（小西さん）などが語られた。また、知ってもらいたい対象として「子育て中の人」（斉藤さん）「教師を目指している人」（森本さん）「研究者」（太田さん）「学校に馴染めない人」（斉藤さん）「孫がいるような世代の人」（原田さん）「教育や社会に不満や不安はあるけどどう解消したらいいかわからない人」（原田さん）などが語られた。

育運動のアクターは、単一のアイデンティティや教育理念に一体化しているのではなく、それぞれの立場、理念、目的において複数性を有している。その複数のアクターがつながりを構築する場としてフォーラムBは位置づけられており、「フラット」な関係での討議の空間というデモクラシーが重視されている。しかし、参与者の複数性と運動としての要求設定についての合意形成の間には困難が生じる。実行委員会はその両立における葛藤を有しながら活動を展開しなければならない。その上で、実行委員会は、目標を「ある一つのものを国家に認めさせる」のではなく「いろいろなものを多くの人に知ってもらう」という「ゆるい」ものとすることで合意を形成する。それにより、複数のアクターからなる連帯を構築、維持していくことが目指される。

フレーミングプロセスの枠組みから捉えると以下のことが分析できる。運動が主張する内容の構築をめぐって、フレーミングを収斂させることができていない。そのため、政治的要求の実現といった具体的な主張やそれに伴う利益を達成することができない。しかしながら、そのフレーミングのプロセスを開き、かつ維持していくという方向性での合意形成はなされている。

以上の運動内のフレーム論争のプロセスを経験的に分析することによって、運動が避けられない困難が明らかになる。異なる価値観や立場に開かれた空間を構築、維持することとそれらの間で合意を形成することは矛盾しうる。これはオルタナティブ教育運動の未熟さを表しているというよりは、差異と連帯のジレンマと呼べるものの表れである。いくら討議が開かれたとしても、達成すべき教育の価値について一つの合意を形成すれば必ずそこには中心と周辺が生まれる。オルタナティブ教育に関わる人たちは、様々な形で主流の教育すなわち公教育における合意から離脱した／排除された存在であると言える。具体的な実現させるべき合意を形成することは新たな周辺化の問題を引き起こしてしまう。メルッチはそれを、集合行為における表象（representation）の避けられないジレンマであると指摘した（Melucci 1996: 212）。政治的要求を主張するというポリティカルシステムへのニーズの翻訳において、そこでの意思決定システムへの参入にフィルターがかかるという問題である。これが可視的側面における「実現する会」の分析から「教育機会確保法」をめぐってオルタナティブ教育運動が「分裂」「対立」したと指摘される理由であろう。

それに対し、本章の事例は、そのジレンマがゆえ、メディアや議会・行政といったポリティカルシステムに対して意見を翻訳し提示することができず、そうではなく、「内部」における「表象の公共空間（the public space of representation）」（Melucci 1996: 220）を創出し維持することを試みる運動として位置づけられていると指摘できる。

第7章

それぞれの経験からのつながりの構築

1　なぜつながるのか？

本章の目的は、オルタナティブ教育運動の参与者が自分たちの活動を社会の問題との関連で捉えるあり方を分析し、それぞれの経験をもつ個々人が運動としてつながりを構築するプロセスを明らかにすることである。

前章までの分析は、複数の立場や考え方からなるネットワーク活動やフォーラムといったイベントが成り立つプロセスを明らかにした。では、その活動に関わる個々人はなぜそのような活動に関わるのであろうか。オルタナティブ教育運動に関わる者たちは、なぜ複数の立場や考え方を維持したままつながることが必要だとするのだろうか。本章ではそれを運動に関わる個々人の経験の語りから明らかにする。

オルタナティブ教育運動に関わる者たちは、それぞれがそれまでの経験をもつ。そしてその経験から自身が関わるオルタナティブ教育運動を意味づける。そこに本章の問いがある。それぞれの経験をもつ個々人が一緒に活動を行うということは、その個々の経験から集合的アイデンティティ（Melucci 1996: 70）を構築するプロセスがあるのではないだろうか。本章は、オルタナティブ教育運動に参与する者たちが、既存の公教育や学校教育に対する個人の経験からなる批判や違和感の表明を、お互いに共通する問題として構築するプロセスを分析する。

2　オルタナティブ教育運動参与者のレトリック

「問題」の構築プロセスを分析するための枠組みとして、クレイム申し立て活動の視座を採用する。社会問題の構築主義研究を提唱したスペクターとキッセは、社会問題をある特定の状態と捉える考え方を批判し、「ある状態が存在すると主張し、それが問題であると定義する人々の活動」（Spector and Kitsuse 1977=1990: 117）すなわちクレイム申し立て活動と捉え、その過程について説明することを研究課題に据える。

日本のフリースクール研究においては、フリースクール運動によるクレイム申し立て活動と他の競合するクレイム申し立て活動による言説との布置状況や関連の分析（朝倉 1995; 樋田 1997, 2010; 貴戸 2004）、そのクレイム申し立て活動が構築したフレームの流布過程の分析がなされている（佐川 2009）。これらの分析は、フリースクール運動のクレイム申し立て活動を、不登校の保護者・当事者という立場に基づく、不登校の権利擁護といった価値に則ったものとみなしている。

しかし、クレイム申し立て活動が特定の価値に基づいて決定されるという見方に対し、スペクターとキッセは、「価値とは、参加者が自分の申し立てを明確化し、あるいは他者に自分の正当性を認めさせるために使う言語的な装置」（Spector and Kitsuse 1977=1990: 116）であると指摘する。そこで分析の組上に上がるのが、「社会問題が何に「ついて」のものであるかを示すためにメンバーが使う言葉」

（Ibara and Kitsuse 1993=2000: 56）を指す「状態のカテゴリー」と、その「状態のカテゴリーがどのように問題であるかを精緻に表現するのに使われる独特の方法」（Ibara and Kitsuse 1993=2000: 65）であるレトリックである。ベストは、クレイム申し立て活動を構成するレトリックの要素を、前提（Grounds）、論拠（Warrants）、結論（Conclusions）の三つに整理する（Best 2017=2020）。前提とは、「何が問題か」を定義したり実例をあげるなどして陳述することである。結論は、その問題を踏まえての「何をどうするべきか」の提示である。そして論拠は、前提から結論を導き出す際に「なぜそれをすべきか」を、クレイムの受け手の価値や感情に訴えるなどすることで正当化する陳述である。

日本のフリースクール運動を分析したウォンは、フリースクール運動が、不登校を治療の対象とみなす言説を問題であるとみなし、「自律・自助」の精神をエッセンスとする「不登校文化」を論拠に支援を行い、かつ既存の公教育制度の変革の必要性を主張したと分析している（Wong 2007: 101–105）。しかしこれまでの章で明らかにしてきたように、本事例のオルタナティブ教育運動は単一の理念に基づいているとは言い難く、法制度化といった明確な主張を提示していない。また、不登校当事者の語りの分析からは、先行研究が前提としているフリースクール運動の集合行為フレームには限定されない語りの複数性が指摘されており（貴戸 2004）、フリースクール設立者のライフストーリー研究からは、不登校の当事者という立場以外の経験もフリースクールの活動に結びつけられていることが明らかにされている（橋本 2020）。

すなわち、日本で展開されてきたオルタナティブ教育運動を、不登校の当事者としての問題意識とその権利保障という単一の立場や本質的な価値から導き出されたものとみなすのには限界がある。その活動に参与するアクターは、それぞれの経験をもち、その上で社会運動としての一定の問題設定や方向性を示す集合的アイデンティティを構築して、オルタナティブ教育運動とわれわれの目に映る集合行為を成り立たせていると考えられる。

そこで本章では、様々な経験や背景を有する複数のアクターが、個人の経験や意見を社会の問題と位置づけ直し連帯していくプロセスを、そこで語られるレトリックに着目して分析する。

3　既存の学校教育の問題点の指摘

(1) 学校教育についての違和感、不満、苦痛の経験

インタビュー協力者は、オルタナティブ教育に関わる理由を個人の経験から語った。それは、学校教育に関わる様々な立場の当事者としての経験である。児童生徒としてや保護者としてはもちろん、一条校の教員として、学校に通う子どもと様々な形で接する大人としてといったそれぞれが置かれた立場から、学校教育に対して感じた違和感やしんどさの経験が語られた。

児童生徒としての経験

児童生徒として学校教育を受けてきた経験からは、「嫌やな」といったような違和感や、「生き延び

てなくてもおかしくなかった」といったような切迫した困難が語られた。

中高って公立の学校に行って、高三の時に「なんかちょっと嫌やな」っていう風に感じて……学校に行ってもみんな勉強の話しかしないし、学校の先生も「勉強しろ」っていう風にしか言わないし「勉強以外の時間は全部無駄や」って言われて、それはちょっと人間が成長していくのにおかしいんじゃないかなって思って。（近藤さん 2016/11/20）

中学二年から高校二年の終わりぐらいまでは本当に成績は底辺やったんで……中学校は特にそうやったんですけど、本当に偏差値の序列で人間の価値も決まるような環境というか、誰もそういう環境をつくろうと思ってつくってないと思うんですけどそうなってしまってて、子どもたちも知らず知らずのうちにそういう価値観の中でお互いを見てるような状態に多分なってて……やっぱり自分で自分にあまり価値がないって思うようになっていったようで……今ではさらっと言うんですけど、本当にその時期を生き延びててよかったなぐらいの、生き延びてなくてもおかしくなかったぐらいの感じやったので。（森本さん 2016/12/19）

「勉強」だけへの評価や「偏差値の序列」として語られるように、「人間の成長」の限られた一部分だけに力点を置く学校教育への批判や、そういった環境での自身の自己肯定感の低下が大きな問題として語られている。

保護者としての経験

保護者としての経験からは、教師からの指導における違和感や被害、自分の子どもの学校でのいじめ被害の経験があげられた。特に語られることは、そのようなトラブルや違和感が生じた際に、学校に保護者の立場から意見を述べるなどを試みたが、適切な対応がなされなかったことに対する不満である。

次の語りは、自身の子どもが通っていた公立の中学校での部活指導についてのものである。

〔学校が〕部活を厳しく指導したら〔生徒同士の喧嘩などのいざこざが多発していた時期があったが〕それがなくなったんです、子どものエネルギーを部活に費やすので……空気が乱れるのを部活によって立て直したことはいいんですけども、そうすると〔生徒〕個人個人が「しんどい」とか言っても休めなかったりとかね……担当の先生が一切を仕切っていて、脅されたりとか、「来ないんだったら部活やめなさい」とか言われて帰ってきたので、それを学校に言いに行ったら、「じゃあ〔かわりの〕先生探してきてくださいよ」って開き直られて、結局先生もタダ働きでやってるから部活を、だから文句を言わないでほしいみたいな、その時「子どもの目線からしたらやっぱりそういう指導はおかしい」って言ったんだけど、でも限界があるかなと思いました、先生た

ちもいっぱいいっぱいでやってはると思うから。（上野さん 2016/11/26）

ここで語られている学校への不満は、子どもの体調などの状態に配慮がないという指導の厳しさや不適切さについてだけではない。その問題を保護者が指摘した際に意見を聞かれることがなかったということに対する不満である。また、教師個人の対応についてではなく、学校現場やそれを成り立たせる制度に対して、保護者からの意見を聞く余裕がないことが問題として語られている。いじめ被害といった深刻なトラブルは、学校教育への違和感や不信感として非常に大きな経験として位置づけられる。

自分の子どもは不登校やし……いじめ、命にかかわるいじめがあって、それで学校の正体見てしまったし、社会の実相という今まで見てなかったものを見せてもろたし。（小西さん 2013/08/27）

「学校の正体見てしまった」という短い表現に、いじめそのものの深刻さはもちろんであるが、それだけでなくそのいじめをめぐる学校とのやりとりにおける苦しみの経験が表されている。小西さんはこのことに関して、ある新聞のインタビュー記事で詳しく語っている。

登下校の際、歩道を歩いている息子を車が来るのを見計らって車道に突き飛ばす、教室がある三階の窓から突き落とそうとする、というものでした。

小学校六年生のときに、修学旅行の際の出来事を息子が文集に書きました。読んだ保護者数名から「これはいじめでは?」という問い合わせが学校にあったのです。文集は回収され、担当教師は「事実じゃないから、書き直せ」と言ってきました。しかし、息子は「事実だから書き直しは嫌だ」と、頑として譲りませんでした。私も学校へ呼び出されて「書き直すよう説得してほしい」と言われましたが、当然断りました。

その後、どうなったかというと、担任が息子の文を編集して、新しい文集を配り直したんです。先生が勝手に子どもの文をカットしてつぎはぎするなんて、とんでもないことをするのかと思いました。これが大きなきっかけとなり、息子はいっさい小学校へ行かなくなりました。(小西さんのインタビュー記事 2022)

ここで語られていることはいじめの被害の深刻さだけではない。文集に書き記すという行為によって表明された子どもの意見が教師から「事実じゃない」とみなされ、なかったことにされた経験である。児童や保護者という立場からの意見表明に学校が応じなかったことが「とんでもないこと」として示されている。

一条校の教師としての経験

公立小学校の教師としての経験からは、児童への管理的な指導体制の一員となった際の違和感が表される。

三月末に赴任校が決まり、初めてあいさつに行ったときのことです。職員室に一歩足を踏み入れた私は愕然としました。職員室の一番目立つ場所に、その学校の子どもたちが守るべき約束を書いた紙が貼ってあったのです。「名札をつけましょう。登下校の時間を守りましょう。チャイムを守りましょう。学校にいらないものをもってこないようにしましょう……」と。（なぜ、こんな管理的なことが約束なんだろう？　友達を大切にしようとか、自分の気持ちを大切にしようとか、約束にしたらいいことって他にあると思うけど……）。勤務初日にして、（ここは、私が来るべきところではなかったかもしれない）という違和感を抱いたまま、私の教員生活がスタートしました。（スクール実践者たちの共著での太田さんの執筆箇所 2013、この引用に関してのみ（　）は筆者による補足ではなく原文の表記）

太田さんは、上記の引用箇所に続いて、そのような学校の指導体制やそれに従って指導する同僚の教師を批判的に捉えながらも、自身が児童の指導を行っていく際に、「自分にも知らず知らずのうちに、公立学校の教師としての価値観や振る舞いが身についてきているのだと感じさせられ」（スクール実践者たちの共著での太田さんの執筆箇所 2013）たという経験を記している。

公立小学校の教師という経験における「問題」についての語りは、指導や教育の内容や手法そのものについての批判だけでなく、制度を執行する一員と位置づけられることでその仕組みに違和感や抵抗感を感じながらもそれを組織や制度に対して表明することが困難であることに焦点づけられている。

学校外の支援者としての経験

児童生徒、保護者、教師といった学校教育の「当事者」として想定されやすい立場以外にも、様々な形で学校教育に関わる立場からの経験も語られる。次の語りは、家庭教師として学校に通う子どもに接した経験における、学校教育への違和感についてのものである。

やりたくないことでもとりあえずしとかないといけないっていうことを嫌々やってるっていう子が多いなって思って……やりたくないことをしないっていう風に決めちゃえたら強いかもしれないけど、それをしないって決めた後に悩んだりとかリスクとかもあると思うので……そのリスクがあるんやったらやらないといけないことをちょっとでもやりやすいように手伝うっていうのはありかなと思うんですけど……そうすると〔子どもは〕自分らしくいれてるわけではないじゃないですかその瞬間としては、やらなあかんから渋々やってるんやったら、全然自分のやりたいことではないから、やらな〔いと〕いけないというプレッシャーがあるんやったら、プレッシャー

を感じてる時点で自分らしくないというか……何かちゃうなという思いで。（中井さん
2013/10/23）

児童生徒が「やらないといけないこと」を「渋々やってる」ということに対して違和感が語られている。「やらないといけないこと」すなわち学習者本人の意見や希望とは関係のないところで決められた課題を遂行することが学習者に要請されていることと、それが「自分らしくいられない」という状況を引き起こす点に違和感や不満を位置づける語りである。

以上より、彼ら彼女らが語る経験はそれぞれ異なって示されていることがわかる。先行研究では、オルタナティブ教育運動は不登校の当事者という経験から展開してきたと想定されてきた。しかしながら、不登校についての経験を語ったのは親としての立場から語った小西さんのみである。インタビュー協力者の語りからは、先行研究で想定されてきた共通の経験に基づいて連帯が行われていることは見受けられなかった。

（2）「ルールが決められている」という問題

では、不登校経験といった共通の経験から語るのではない彼ら彼女らは、問題意識をどのように共有し、フォーラムを実施するという集合行為を達成しているのであろうか。ここで着目するのは、インタビュー協力者が自身の経験をいかなる「問題」として語るかというレトリックである。クレイム

申し立て活動を行うアクターは、社会的現実について意味づけしたり評価したりして、その状態をカテゴライズし、それが何について「問題」なのかを定義していく。ここでは、各々の経験から語られる既存の公教育や学校教育へのそれぞれの違和感やしんどさがどのような「問題」として位置づけられていくのか、すなわちオルタナティブ教育運動に関わる者たちが自身の経験をいかなる「問題」としてカテゴライズするのかを分析する。

これまでの公教育や学校教育への批判において、その批判の矛先はカリキュラムの内容や教師の指導力に向けられているとみなされがちであった（藤田 2005: 148）。しかし、オルタナティブ教育運動の参与者の多くの語りは、それとは違う形でその問題をカテゴライズしている。それは、学校教育の様々な側面において「ルールが決められている」という点に問題点を置く語りである。

次の二つの語りは、学校教育での教科指導における問題性を指摘するものである。

掛け算の順番がどうだとか……「習ってない漢字書くな」とかも、書いたらあかんというのは独自のルールであって世の中に必要なものではないわけで、でも「それを守らなければお前は社会で生きていけない」みたいな、あくまでその学校内とかこの授業ではそうするとか限られた範囲でのルールとかっていうのがあるのは、それは一つ大事なことやけど、それがこの世の中を支配する何かだみたいな風に教えてるよなっていう……〔教師は〕「これが正義や」って言ってるけど、間違ってるじゃないですか、それを「そうなんや」って受け入れないと学校ではやっていけない

わけで、そこにいればそりゃあ難しいよなと。（高田さん 2016/11/20）

教職員組合のフォーラムに呼ばれてフリースクールの活動を紹介してくださいってのがあったんですね……その時に地域交流みたいなのが一応テーマになってたんですね、小学校の人やら幼稚園の人やら学校関係者がいるなかに民間〔は私〕一人だったんですけど……例えば体験活動にしたって……それはきちんとそういう道筋が立ってるじゃないですか……学校は地域交流っていうと、例えばなんかの花を育てるんだったかな、そういう時にいろんな所の花壇を子どもが見て回って、そこで地域のおじいさんおばあさんと交流して、そしてその人と一緒に何か〔交流する〕っていうのがあったんです、それぜーんぶお膳たてができてるわけですよね、でも子どもたちはそして最後に作品をつくって「やったー」ってなるのね。（竹内さん 2017/02/09）

掛け算や漢字の指導を例とした語りでは、決められたルールが絶対的なものとして取り扱われ、それに従わなければ「学校ではやっていけない」という点が批判されている。また「御膳たてができている」という語りから見出せることは、体験活動による学習の中身の問題よりも、そのやり方が児童生徒の手の届かない領域においてすでに決まってしまっているという点への批判である。ルールの中身の適切性についてというよりも、そのルールを児童生徒などが変えたりつくったりすることができていない状況を問題とカテゴライズしている。

同様の語りは、生徒指導についての語りにおいても現れる。

制服いうて標準服を着せて、それ着てなかったら〔その生徒を教師が〕学校に入れないでしょ未だにですよ……入った〔＝入学した〕ときに〔身長が〕一四五センチの子が一七〇〔センチ〕の制服でね袖あげて着ててね、でもそれが着れなくなって三年の二学期に着る服ないみたいになって、で、じゃあ買うんかっていうたら貧困だってあるわけで買えないしもったいないし……〔教師がその生徒を〕学校〔に〕入れないって、おまえおかしいやろそれって順番が違うやろって、学校に対してすごく腹たつのよね……ついこないだちょっと見せてって生徒手帳見せてもらって……「下着は白」って書いてあったから……白いパンツっていうのね一個三〇〇円とか六〇〇円とかするわけよね……柄だったら一〇〇円であるわけですよパンツ一枚がね……それを買えって言ってるわけでしょ、何でって話でしょ、白でなければいけない理由がどこにあるのか、根拠ないじゃないですか……「納得できる根拠があるんやったら説明してくれ」ってあっちこっちで聞いたこともあるんやけど誰も説明できないでしょ「決まりやから」って……制服着てこなあかんっていうこと自体がある意味での嘘じゃないですか。（小西さん 2016/11/26）

ここではまず標準服や下着の色がルールとして決められていることといったルールの内容の不適切さが指摘されているが、それと同時に、ルールの根拠について問い合わせたり意見を述べようとしても「決まりやから」と学校側が応じなかった点に問題があると語られている。

このように、運動参与者は、各々の個人的な違和感や不満などを、学校教育において児童生徒や保護者といった当事者の手の届かないところで「ルールが決められている」という問題としてカテゴライズしている。ここに、それぞれがそれぞれの経験をもちながら連帯するきっかけの構築を指摘したい。このカテゴライズによって、個々人の違和感や不満といった経験は、学校教育において個々人の意見が棄却されてしまっていることを示す「実例」として参照される。教育の中身や教師の指導が良いのか悪いのか（子どもの主体性を尊重できるのかできないのか、学力を育てられるのかられないのか、生きる力を育めるのかできないのか、暴力的・非人道的な指導なのかそうでないのかなどなど）といった教育方法の妥当性や効果に問題の焦点を定めるのではなく、教育のあり方を誰がどうやって決めるのかという社会や制度のあり方に問題が位置づけられている。

4　オルタナティブの提示、追求

これらの問題の構築を踏まえて、それに対する解決策が構築される。それこそが、オルタナティブ教育運動として目指され実施されるものに対する、彼ら彼女ら自身の意味づけである。

（1）選択肢の保障

学習者それぞれが当てがわれた教育に対して、自分の意見を表明することやその教育を拒否することができないという点を「問題」とみなし、それに対して学習者が学びのあり方を自由に選択できるようにするという解決策が提示される。

ある意味ありきたりな表現ですけど、多様な学びができる社会というかね……合う合わないはあると思うのでどこでも多分、そういう意味ではいろんな学びができたり、もっと言うといつからでもどんなペースでも学んでいけるぐらいになっていいんじゃないかなって思ったり。（森本さん 2016/12/19）

私も受験がこわくて〔オルタナティブスクールではなく〕公立〔の中学・高校〕を選んだっていうのがあるんですけど、将来を気にして学校に行くとか、そうじゃなくて自分が行きたいと思って自分で選んだ学校とか場所に行けるような社会になったらいいなと。（近藤さん 2016/11/20）

私は小さい学校がたくさんね各地にできたらいいかなと思うんですよね、それを選べる、いわゆる公立的なスタンダードな教育を嫌だっていう人もいるわけですよね、それも不登校になるとかならないとか別にして、そういう人たちが自分に合う学校を探して、「こういう学校行きたい」

って言ったら行けると、もうちょっと数が分散していったらいいと思いますね。（斉藤さん 2016/12/19）

ここで注目しておかねばならないことは、教育を多様化し選択の原理を導入することで、各学校に競争原理が働き教育内容が改善されるということは目的として語られていないということである。そうではなく、選択肢の保障とは、学習者が自分らしく学ぶことができる、安心して学ぶことができる、「違う」という意見を表明することができるという点を保障するために必要であるという意味づけで語られている。

（2）それぞれが自らつくる

運動参与者たちの語る「選択肢の保障」が、選択の原理を導入することで学校教育を改善していくという意味づけと最も異なる点は、選択肢が「提供される」ものではなく、「つくることができる」というものとして捉えられているということである。すなわち、オルタナティブ教育運動の参与者が提示する「オルタナティブ」とは、一人ひとりの人間が、教育や学びの場や子ども・若者が過ごす場を「つくる」ことができるようにするということである。

なんか「選択肢」っていうとなんか、ちょっとその、なんか選ばれる対象みたいな感じになってしまうので、あまりなんか主体性が感じられないっていうか……選ぶ側は選択肢をつくり出せないから、じゃなくって選択肢を新たにつくることも含めてもっと広がってったらいいのになってていう。（原田さん 2016/11/24）

自分の責任で大人がこういう社会を実現したい、大人がこういうことを伝えたいって思ってる人がやるべきであって……子どもの自由にさせたいってのも教えたいことになるのかな、そう思ってるのは大人なわけだから、「私はこういう人を育てたい」「私はこの価値を伝えたい」って思ってる大人が自由にいろんな教育実践ができるといいなと思ってます。（木下さん 2017/02/24）

もちろんそのつくり手には、保護者や支援者といった大人だけでなく、学習者本人である子どもをも位置づける語りも出てくる。

社会のためにどうとか、社会で決められたことにどうとかいうよりかは、その時の時代の子どもというか学習する人が、自分の必要と思う学習とか学びとかをつくっていけるっていうほうが、自然というか健全というか、なんなんじゃないかなという感じはしますね。（森本さん 2016/12/19）

繰り返し述べるが、これらの語りは、保護者がより良い教育を選択するという消費主義的な意味づけと異なる。「選ぶ」ではなく「つくる」ことに重点が置かれている。「選ぶ」ということは「つくる」に伴うものである。

(3) それぞれがつながる

「それぞれがつくる」各々のオルタナティブ教育は、その実践をそこで学ぶ学習者やその保護者だけのものとして閉じるのではない。「不完全性を肯定しながら連携していく」という日常的な実践（第4章、第5章参照）と関連させられながら、つながりを構築しながら社会の中で層となって展開することの重要性が語られる。

いろいろあるわけだし、それぞれが自分の信じることをやっていくと同時に、横のつながりが必要、独善的にならない抱え込まない……一箇所一箇所が「自分のとこだけでええわ」とやってほしくない、例えばシュタイナーありいのフレネありいのね……そうやってまた新しいものができていくと思うしね。（小西さん 2016/11/26）

結局私たちが目指してるところっていうのは自分の学校に生徒が来てほしいってことではなくて、社会に多様な学び場が増えていってほしいし、自分にあった学び場で学んでいける子どもたちが一人でも多く増えてほしいていうことだから、それのためにはネットワークでやる以外に道がないというか、効果的やなと思ってますね、フォーラムもずっとそういう思いで関わってきてます。（太田さん 2016/12/19）

そのそれぞれが独自につくるオルタナティブ教育のつながりにおいて「いろんな人がごちゃまぜに関われる」空間、すなわち「公共空間」の構築を目指すという主張がなされる。

学校とかっていう場所、フリースクールとかオルタナティブスクールとかにしてもその場所があって……ここが居場所でっていうことじゃなくって、日々生活してたり、大人たちも趣味があったりとかってしてる、それはできるのは豊かな層だろうけど、でもそこの中で関わってるそういう関係性がすごく大事やと思ってるし、そういう風に関わっていけるような社会って言うとでかいけど、そういう風なのがいいと思ってるんですよ……もっといろんな人がごちゃまぜに関われるっていうかそういうことのほうが重要なんじゃないかなと思ってるところがあって。（高田さん 2016/11/20）

この活動を通じてどのような社会を実現したいかっていったら、私的な民間とか市場とかでつくっていくセクターと、国家の公をはじめすでに出来合いの行政サービスとして行われているような公的な領域の、二極化したらあかんと思っているところがあって、絶えずその間に市民が生活世界から公共圏を切り開きつつある状態っていうのを維持していかないかんのちゃうかな、で市民の手づくりの学校づくりっていうのは、市民の自前の学校づくり学び場づくりっていうのは、そういう活動としてとっても積極的に評価したい。〔宮本さん 2017/01/04〕

その上で、オルタナティブな発想や主張からは批判の対象と位置づけられがちな主流の学校とのつながりの構築が、オルタナティブ教育運動そして公教育の課題であるという指摘が現れている。

今の〔既存の学校〕教育イコール悪みたいな見方をしてなくって……どっちも必要っていうか、あんまり優劣をつける感じではない気がしていて、ただお互いにあんまり寛容じゃないのかなっていう……公教育のほうはそれ以外の教育に対してあまり寛容じゃないし、逆に外側〔＝オルタナティブ〕の人たちも公教育に対してあまり寛容じゃないないのかなって印象はある……わかりあえるっていうのは難しくても、お互いの考え方を知るみたいな機会がもっとあってもいいんじゃないかなっていう……多分そのオルタナティブの中では対話とか大事にしてると思うんですけど、この間〔＝オルタナティブと公教育の間〕のやりとり……対話みたいなところってまだあんまり十分じゃないような。〔原田さん 2016/11/24〕

5　考え、意見する権利を取り戻す

以上のような「問題」から「オルタナティブ」を導き出す上での論拠となるレトリックを分析する。学校教育の指導の場面における問題を「ルールが決められている」とカテゴライズすることは、個々人の意見を表明することができないという問題性の指摘であり、その問題性は個々人が「考えることを喪失してしまう」というレトリックを用いることによって論拠づけられる。

選択肢がないし、その狭い中で考えざるをえないような状況をつくってる、自由にしていいよって言っても全然自由に生きられない、「そうなん、自由にしていいの」って全然〔言えない〕、自由にして社会に出たら、大学卒でないと就職はないとか、高校出てなかったらこんな仕事しかないとか、そういう社会の学歴社会みたいなそういうところがねあるから。（上野さん　2016/11/26）

で結局そこ〔＝学校〕で教えられた、ものを考えることが習慣化しないまま大人になった人間があまりに多すぎる、と思ってる……それはすごく危険なことやと思うんですね……考える力をもった人間は一人で生きていけるけど、考えるっていうことが苦手、〔考えることが〕できないわからない人は依存して生きていかざるをえない、依存するものによっては非常に危険ですよね……

おかしいと思うことにおかしいって言う力を失ったら終わりやで、戦争中とどこが違うん、戦時体制ですよ結局、挙国一致、ほんまに怖い世の中になってると思う。（小西さん 2016/11/26）

学校において「ルールがすでに決まっている」こと、そして様々な当事者が意見を表明し参画することが制限されていることの指摘は、一人ひとりの個人が「考えることを喪失してしまう」問題として、個々人のトラブルといった「私的」な問題にとどまらず、社会や公教育制度といった人々に共通する「公的」な社会問題として位置づけ直される。

そしてこの「問題」に対してオルタナティブ教育の必要性が提示される。彼ら彼女らが実践するオルタナティブ教育は、学習者が自分で考えて、納得して、おかしいと思うことにはおかしいと言えることを取り戻すことの必要性の指摘によって根拠づけられる。

自分で考えられる人になってほしいなって、子どもには、そう思う、「みんなが「これ〔が〕いい」て言ってるからそれや」ってみたいなんやったら、すごく知らんまに追い込まれるというか、こんなはずじゃなかったみたいになりそう気がする、と思って。（中井さん 2016/12/11）

社会はどうであっても、それに問題を感じたら社会に対してNOの言える人を育てていかなければならないかなって思うからね……おかしいてことに気がつくって考える力やと思うね。（小西

さん　2016/11/26）

教育とは国家に対して従順な国民をつくるためのものじゃないと私は思ってて、民主的に対話しながら持続可能な社会をつくることのできる市民を育むことができるのが教育だと思ってるんですね、そういう風に考えるとそこの観点に立つと制度も手法もすべてがガラリと違ってくると思います、今の制度とか今の手法でそんな人が育つはずがない、育つのは従順な国民だけです。

（太田さん　2016/12/19）

インタビュー協力者が語るオルタナティブ教育を行う論拠とは、多様な教育を子どもや保護者に選択させることで学校間に競争原理が働き教育内容が改善されるからというのでも、「普通」の学校から脱落する子どもに適切に学校教育の代わりの機会を提供できるからということでもない。彼ら彼女らにとってオルタナティブ教育とは、学習者に対して与えられるものとして意味づけられているのではない。そもそもすべての人々が自分に関わる教育について、拒否も含めて己の意見を表明する権利を取り戻すためのものとして意味づけられている。

6　小　括

　以上、本章は、オルタナティブ教育運動参与者のクレイム申し立て活動のレトリックを分析した。明らかになったことは以下の通りである。まず、参与者は既存の公教育・学校教育の問題を語る際に、各々のそれまでの個人的な経験から語る。それは、学校教育における様々な立場からの違和感、「しんどさ」、不満、苦痛などの経験についての語りである。その個人的な経験は、公教育・学校教育において「ルールが決められている」ために個々人がその教育のあり方や取り決めに意見を出すことができない問題とカテゴライズされる。その問題に対するオルタナティブとして、納得して自分らしく学べる「選択肢」を「それぞれが自らつくり」、それらが「つながる」ことで公共空間の構築を目指す実践が示されている。「ルールが決められている」という問題については、そのような教育の結果人々が「考えることを喪失してしまう」という点を指摘することでその問題性が根拠づけられる。そしてその上でのオルタナティブの重要性は、一人ひとりが自分で考えおかしいと思うことにはおかしいと言えるということ、すなわち意見表明権を取り戻すことの必要性を指摘することで根拠づけられる。

　これまでの教育研究の議論において、教育に関するオルタナティブな主張の隆盛は、「教育の私事化」とみなされてきた（藤田 1997b, 2005; 市川 1995, 2006）。あるいは、オルタナティブな主張が「公的」な課題として応じるべきニーズなのか、「私的」な要求に過ぎないのかを区別すべきという議論がなされてきた（藤田 2005: 164, 170; 後藤 2020）。しかしながらそれらの議論に対して、本章が明らかにしたオルタナティブ教育運動に参与する者たちの集合的アイデンティティの構築プロセスには、「公」と「私」のアプリオリな区別への問い直しが立ち表れていると指摘できる。

調査協力者たちは、「問題」を適切な教育が提供されるのかどうかという問題としてだけ捉えているのではない。その一員として意見を表明し決定権を有することが可能かどうかの「代表（representation）」の問題として示している。個々人それぞれの学校教育への違和感やしんどさ、不満といった経験は、一人ひとりが自分で考え参加する必要性を論拠とすることによって、個々のケースでのトラブルではなく人々に共通する社会の問題として取り組むべき課題と位置づけられている。つまり、個々のケースという「私的」なトラブルとみなされがちな経験を、それこそが社会のあり方に規定され現れる「公的」な問題であるとして位置づけ直すプロセスがそこある。

第8章

学校の周辺で、そして社会の中で、社会の「あたりまえ」を問い直すプロセス

1　ディスカーシブな問い直しのプロセス

本書は、オルタナティブ教育運動による社会の「あたりまえ」の問い直しのプロセスを分析した。本書が明らかにした知見を整理すると以下のようになる。オルタナティブ教育運動に関わる者たちは、お互いの差異を経験しながらネットワークやフォーラムの活動を実践していた。一見すると共通の理念を見出し志を一つにして結託しているように見えるかもしれないが、日常的な活動といった運動の水面下を見ると、参与者たちはお互いの差異を認識し（第４章、第６章）、また想定外の他者が現れるという前提で活動を行っていることが見て取れた（第５章）。そしてそのなかで、それぞれの「私的」なトラブルや利害対立と名指されがちな経験は、公教育、学校教育の制度という「公的」な社会問題・教育問題として問い直されていた（第７章）。

これらの活動に込められている意味は、確固たる一つの理想の確立と追求ではなく、それぞれが直面し抱く問題関心や目的をもとに運動に参与するアクターの間の、ディスカーシブで論争的な相互作用を通じてつながりを構築していく、そのプロセスを重視することに置かれていた。ディスカーシブなプロセスを経て目指されていたのは、「実現する会」が国家からの承認を求めたのとは異なり、従来の学校教育とは異なる活動を自分たちで考えて実践するという、オルタナティブな生き方の提示というものであった。それぞれのオルタナティブスクールの活動とそれらをつなぐネットワークやフォーラムは、教育を一人ひとりが自分たちで、そして共同でつくり上げていくという実践の場であり、新たな意味が形成され、そして体現される「公共空間」（Melucci 1996: 181）と位置づけられていた。

これらの知見を踏まえると、多様な教育を考える際に言及される「選択」という言葉の意味を問い直すことが求められる。公共政策としての公教育制度を従来の学校教育以外の多様な教育を含めて考え直すという議論においては、保護者に教育を「選択させる」ことの是非が論争的に論じられてきた（藤田 1996, 1997a; 黒崎 1996, 1997）。しかしながら、本書が明らかにしたことは、オルタナティブ教育という多様な教育に関わる者たちにとっての「選択」の意味が、それとは異なっている点である。オルタナティブ教育に関わる者たちにとって「選択」とは、「与えられ」「選ぶ」ものではなく、自分たちで「つくる」ものである。オルタナティブ教育運動とは、まさにこの公教育制度におけるオルタナティブをつくり、自ら実践することで「別様性」（吉田 2022: 11–13）の可能性を示し、社会の「あたりまえ」を問い直すプロセスであった。

2　学校教育の周辺からの学術研究への問い直し

本書の学術的な意義は、「あたりまえ」を問い直すディスカーシブなプロセスを、従来の学校内での実践ではなく、その周辺に位置づけられてきたオルタナティブ教育の事例から論じることにある。この観点から、学校教育研究における「あたりまえ」への問い直しが表れる。その学術的な議論における「あたりまえ」とは、従来の学校の教師と、彼ら彼女らとパースペクティブを共有する研究者が、そのニーズを理解し容認できることが「公」であり、理解・容認できないことが「私」であるという前提である。

本書が指摘することは、教師やそして研究者が気づかないあるいは容認できないようなニーズが現れうることの問題である。どれだけ問題意識を高めたと自負する、あるいはみなされる教師や研究者が教育文化の再構築をはかろうとしても、その専門性が気づき正当性を認めることができる声しか、「教育の公共性」をめぐる議論の空間において聞かれるべき声と認められない。オルタナティブ教育運動が示すことは、教師や行政官や研究者といった「専門家」以外の存在が自身の言葉で教育を語ったり自分たちで教育をつくり上げようとすることを、「私的」な欲求の表出だと名指してくるものに対し、現代社会における自分たち一人ひとりの教育、生活、そして社会について自分たちで考えるということを奪われているという「公的」な問題への挑戦であると、その問題を示し返す闘争であるということである。

学校教育の中での実践では問い直しができないと言いたいのではない。本書の知見から述べたいことはそうではなく、従来の学校教育の中の教師の専門性だけを「公共性」とみなすべきだと主張している研究の「あたりまえ」を問い直す必要性である。「学校教育は、国がつくった、みんなのためのものである」（志水 2015: 560）という「教育の公共性」の「あたりまえ」に対して、オルタナティブ教育が示す「別様性」とは、「みんな」に誰が含まれているのかはもちろんのこと、「みんなのためのもの」

とは何なのか、なぜ「学校教育」であることが「あたりまえ」とされるのか、誰がつくるものなのか、なぜ「みんながつくる」のではなく「国がつくる」ことが「あたりまえ」とされるのか、そしてそれらは誰がどうやって決めるのかという討議のプロセスの「あたりまえ」のあり方についての問い直しである。

本書の事例は、関西という都市部でのオルタナティブ教育運動である。人口基盤や交通網の発達などの都市部の特殊性は慎重に考慮される必要があるだろう。また、「実現する会」の事務局があった東京と比べて政治機関やマスメディアに対して距離があるという点も本書の事例の特徴となっていると考えられる。そして、本書が分析した集合行為フレームの構築プロセスは、物事の意味内容の解釈をめぐる文脈依存性の高い事象である（野宮 2002: 199–202）。また、限られた事例を長期間にわたり質的に調査・分析する本書の手法は、その知見を一般化するという前提で設計されていない。本書の事例やその分析は、「教育の公共性」という大きなテーマを論じる上では、あまりにも些細な出来事に過ぎないという批判もあるだろう。このような些細な事例からその知見を一般化などできないという批判もあるだろう。

しかしながら、本書が分析した一つひとつの些細なプロセスこそが、単一の大きな「教育の公共性」とは異なるオルタナティブな教育の公共性を考察する上で、そしてオルタナティブ教育ならびに「教育の公共性」に関する先行研究での議論を超える上で、重要となると指摘する。この些細な出来事こそが、「公共性」の問題をめぐるポリティカルな闘争のフィールドである。「オルタナティブ」という事象から本書が明らかにしたことは、教えること、学ぶこと、過ごすこと、人と人とが関わること、すなわち人々が社会で生きることをめぐって、様々なアクターによる闘争が繰り広げられているということであった。つまり、不登校や教育のオルタナティブを研究するということは、教育をはじめそれだけでなく人々の生活をめぐる様々な事象が「政治的」な闘争のフィールドであることを可視化するのである。

「教育機会確保法」が成立して、従来の学校教育から脱落してしまう子どもたちにいかにして学校教育に準じ学校教育と目的を同じくする教育を多様な機会を通じて提供するかということが、「包摂」の問題として論じられている（日本学術会議 2020）。そのような議論に対して本書が問い返したいことは、教育が対応する社会の「あたりまえ」にある問題を踏まえて考える必要性に向き合わなくてよいのかということである。その問題に向き合わなければ、学校外での多様な実践も学校内でのそれも、「そんなところにいた子が将来社会でやっていけるのか」という批判に、そしてそのような声が出される社会の「あたりまえ」のあり方の問題に、向き合うことができなくなる。

たしかに、社会には「あたりまえ」な仕組みがあり、そこで求められることを「あたりまえ」にこなせられなければ、社会で生きていくことは厳しい。だから子どもたちに対して、社会の「あたりまえ」の厳しさに耐えられるようになるための教育をしたくなる。社会の「あたりまえ」のあり方に対して「おかしい」と、「理不尽だ」と、「生きづらい」と感じていても、社会の「あたりまえ」を「あたりまえ」にできるように子どもたちを教育しなければならないと考えざるをえなくなる。だからわれわれは、社会の「あたりまえ」に耐えられるような能力を育てる教育を受けていない子どもたちに対して、その子たちの将来はどうなるのか、大丈夫なのだろうかという不安を感じざるをえないし、「みんな」は「あたりまえ」の厳しさに耐えているのにと、腹立たしさや気に食わなさを感じざるをえないのだろう。

しかしながら、そういった多様な教育やそこで学び過ごす子どもたちに向けられる眼差しに対し、本書が問い返したいことは、そう感じ、そう考えざるをえなくなるようなこの社会の「あたりまえ」のあり方に、どう向き合うのかということである。本書が分析したオルタナティブ教育運動とは、そのような社会の「あたりまえ」への向き合い方の「別様性」を示そうとする人々の挑戦ではないだろうか。

3 「あたりまえ」を問い直す困難と、問い直されることに向き合う必要性

本書は、「あたりまえ」を問い直すディスカーシブなプロセスにおける困難にも着目した。お互いに批判し合うほど「別様」でありうる他の組織との連携において自身の組織のフレームの正当性が揺るがされ（第4章）、ネットワークへの新たな加盟希望組織との出会いを契機としてそれまでの連携のフレームが問い直され（第5章）、「教育機会確保法」についての意見や立場の対立が現れていた状況においてフォーラムを開催する目標のフレーミングに困難が経験されていた（第6章）。その困難は、

「別様性」を提示し「あたりまえ」を問い直し続けるプロセスが、自分たちのオルタナティブな実践の「あたりまえ」への「別様性」にも向き合い続けるものであるがゆえに経験されるものであった。その困難を経験しながら繰り広げられていたのは、何か一つの明確な「答え」を確立させるのではなく、それぞれの活動の不完全性を積極的に肯定するフレームをボトムアップ的に創発し（第４章）、揺らぎを踏まえながらネットワークの活動のあり方を見直し再構築していき（第５章）、広く人々に「知ってもらう」といったゆるやかな目標を採用し（第６章）、「別様性」に開かれたつながりをつくっていく試みであった。

それは裏を返せば、本書が分析対象としたオルタナティブ教育運動のプロセスは、具体的に何か制度改革にあるいはそれの抑制に結びつく形で達成できたものは何もないというものである。つまり、法制度に結びつく「成果」を何も成し遂げていない。本書が分析したことは、その何も成し遂げていないプロセスについてである。

「別様性」を示し合うつながりを開き続けるディスカーシブなプロセスにおいて、そこで示され合う種々の声は必ずしも一つの合意に収斂するわけなどはない。必ずしも穏便な形でつながりを続けられると言い切ることはできない。「教育機会確保法」をめぐって、運動の「分裂」やそれを乗り越えることの必要性が指摘されるが（南出 2016; 山本 2016）、その指摘に対し本書の分析から言えることは、「外部」からは「分裂」と映る状況こそが、何か具体的な出来事が起こるあるいはそれを起こす際に、運動内に論争的な議論が沸き起こっているということであり、一見するとそれは病理的・危機的状況に見えるかもしれないが、「別様性」を示し合い問い直し問い直される空間という「公共性」が見て取れることの表れであるとも言えるのではないだろうかということである。

そして、本書のこの知見から、「東京シューレ」による性加害への対応の問題をあらためて指摘しなければならない。第2章でも述べたが、第一回口頭弁論が開かれた日が二〇一六年七月五日であることからわかるように[1]、「東京シューレ」ならびにその理事長であった奥地圭子が訴状を受け取り裁判が開始された時期こそが、二〇一六年一二月七日に成立する「教育機会確保法」をめぐる議論が佳境に入っていた時期である。その時期にも「実現する会」は公開イベントや記者会見などを引き続き開催し、法律制定に強く働きかけ続けていた。立法に対する反対意見の表明も、集会の開催や国会前のスタンディングなどによってなされていた。このようにポリティカルシステムに向けて様々な声が発せられている状況であったのだが、奥地圭子が訴訟の和解に口外禁止条項を求めたことが、二〇二一年六月二五日の『朝日新聞』朝刊の記事で明らかにされた[2]。ここに指摘できるのは、「実現する会」が、周辺からの問い直しの声を法制度化という国家からの承認が得られるような「正当な」オルタナティブとして成り立たせようとするなかで、オルタナティブのあり方における問題への告発やそれへの問い直しの声を「私的」なトラブルとして扱い排除した動きである[3]。

もちろん、本書が事例とした関西を中心としたネットワークAやフォーラムBの活動においても、すべての声が平等に聞かれ合っているとは言い切れず、排除された声がないとは言い切れない。その場に存在するメンバーのパースペクティブに接近するという研究方法の制約上、筆者が気づき、理解・容認できた声についてしか、論じることはできていない。ただ、本書が明らかにしたことは、少なくとも、関西を中心としたオルタナティブ教育運動の諸実践において、自分たちが今認識している声以外の声があるかもしれないという前提で活動が行われていたということである。だからこそ、本書の事例は「教育機会確保法」に対し何も成し遂げられなかったのである。

本書が明らかにしたオルタナティブ教育運動のプロセスとは、この解決不可能なジレンマに直面しながら、それゆえに、その「表象の公共空間」をつくり・開き・維持しようとする闘いであった。ここから本書がオルタナティブな諸実践や運動に対して述べておかなければならないことは、「あたりまえ」を問い直す「別様性」としてのオルタナティブも、絶えずそれへの「別様性」の存在を前提とし続け、問い直され続けなければならないということである。

（1）「「施設で性加害」と提訴」『信濃毎日新聞』二〇一六年七月六日朝刊二七面。
（2）「東京シューレ理事長が退任　性暴力問題巡り　フリースクール草分け」『朝日新聞』二〇二一年六月二五日朝刊三四面。
（3）「教育機会確保法」をめぐる議論において、性加害の告発がその議論の空間から排除された問題については、別稿（藤根　2023）で論じている。

4　問い直し、問い直され続ける社会に向けて

最後に、今後の研究の方向性に対する示唆を述べておきたい。本書が明らかにしたことは、オルタナティブ教育運動がある一つの明快な「正解」に向かって直線的に進むのではなく、ディスカーシブな道のりを経ながら、一人ひとりの経験という「私」から社会のあり方という「公」を問い直すものであったということである。オルタナティブ教育研究に対して本書が示すことは、研究と実践の関わり方の方向性を、反論の余地のない「よいもの」を生み出すことに向けるのではなく、人々の闘争のプロセスを保障する空間を創出し維持することに向ける意義と可能性である。研究の方向性の一つとして、その「公共空間」の記述と、それを創出・維持する上での実践的な知見の提示による貢献が考えられうる。

なぜ「よいもの」を目指す議論を否定し、闘争として取り上げる必要があるのか。それは、「よいもの」としてある知見が確立させられると、その知見が「あたりまえ」となってこの社会を生きる一人ひとりの生き方やアイデンティティに介入するからである。中立客観を自負する研究者が示す「よいもの」も、人々の生き方やアイデンティティに規範的に介入し、人々に己が「よいもの」なのか「よくないもの」なのか自分自身で認識するよう迫る。社会を科学する研究において、この研究そのものがもつ力を認識しておく必要があるのではないか(4)。

闘争のプロセスを保障するということの示唆に対し、闘争があることを「教育の公共性の揺らぎ」だと危険視する者もいる、闘争をおさめるべき問題とし収斂させようとする者もいる、闘争のフィールドに制限をかけ参戦者に相応しい者を区別しようとする者もいる。そのなかで闘争のプロセスを開き、維持することを主張する本書も、闘争のプロセスの一参戦者であると言えよう。本書を読んでくれた方と筆者が共有したいことは、教師も、子どもも、保護者も、専門家も、国家も、市民も、そして研究者も、もちろん筆者も、この社会の「あたりまえ」をめぐる闘争に参戦する一アクターであるという前提で、教育や社会の問題を考えていきたいということである。

現代社会で生きる以上、権力が作動するプロセスに組み込まれることから完全に逃げ切ることはできない。自身の政治性を引き受け、自分は関係ないと中立客観を装う者の政治性を明るみにし、教育という一人ひとりの生活に根ざした事象をめぐる闘いに、それを自分ごとと捉える一人の参戦者として向き合い続けなければならない。そして他者の参戦に応じ続けなければならない。

（4）登校拒否・不登校の「原因」を追究する研究の知見が人々のアイデンティティに介入する問題は工藤宏司によって指摘されている。工藤はその議論において、「その原因追究のポリティクスの敗者は、〔中略〕自分のとった行為に苦しむのである。つまり、従来の不登校研究はそのようなポリティクスのなかで、絶えず傷つき苦しむような人を生んできたのではないのか」「我々学者は常にその地位を利用してそのポリティクスに強い力を持って参入できる力を持っていたし、おそらくこれからも持ち続けると考えられる」（工藤 1994: 45）と問題提起している。

引用文献

朝倉景樹 1995『登校拒否のエスノグラフィー』彩流社

市川昭午 1995『臨教審以後の教育政策』教育開発研究所

市川昭午 2006『教育の私事化と公教育の解体——義務教育と私学教育』教育開発研究所

井上烈 2012「フリースクールにおける相互行為にみるスタッフの感情管理戦略」『フォーラム現代社会学』(11): 15–28

内田康弘 2015「サポート校生徒は高校中退経験をどう生き抜くのか——スティグマと「前籍校」制服着装行動に着目し」『子ども社会研究』21: 95–108

内田康弘 2016「サポート校生徒と大学進学行動——高校中退経験者の「前籍校の履歴現象効果」に着目して」『教育社会学研究』98: 197–217

江口怜 2016「夜間中学政策の転換点において問われていることは何か——その歴史から未来を展望する」『〈教育と社会〉研究』26: 35–48

江口怜 2020「夜間中学の成立と再編——「あってはならない」と「なくてはならない」の狭間で」木村元編『境界線の学校史——戦後日本の学校化社会の周縁と周辺』東京大学出版会: 49–80

ＮＰＯ法人京田辺シュタイナー学校 2015『親と先生で作る学校——京田辺シュタイナー学校12年間の学び』せせらぎ出版
大桃敏行 2001「参加型学校改革——親子間の距離の縮小と多様性の承認」『教育制度学研究』8: 24–33
大桃敏行 2020「学校教育の供給主体の多様化と日本型公教育の変容」大桃敏行・背戸博史編『日本型公教育の再検討——自由・保障・責任から考える』岩波書店：15–38
岡村優努 2020「教育機会確保法と「学ぶ主体化」される子どもたち」広瀬義徳・桜井啓太編『自立へ追い立てられる社会』インパクト出版会：117–132
奥地圭子 2017「教育機会確保法はどのように誕生したのか」フリースクール全国ネットワーク・多様な学び保障法を実現する会編『教育機会確保法の誕生——子どもが安心して学び育つ』東京シューレ出版：13–58
呉永鎬 2020「揺れ動く公教育の境界線——外国人学校は公的に保障されうるか」木村元編『境界線の学校史——戦後日本の学校化社会の周縁と周辺』東京大学出版会：111–142
オルタナティブ教育研究会 2003『オルタナティブな学び舎の教育に関する実態調査報告書』
オルタナティブ教育研究会 2004『公共性をはぐくむオルタナティブ教育の存立基盤に関する総合的研究』
香川七海 2015「教育の公共性と「新しい教育運動」——１９７０年代『ひと』教育運動における父母の教育参加を手がかりとして」『教育學雑誌』51: 1–16

菊地栄治・永田佳之 2000「オルタナティブ教育の社会学」『臨床心理学研究』38(2): 40–63
菊地栄治・永田佳之 2001「オルタナティブな学び舎の社会学――教育の〈公共性〉を再考する」『教育社会学研究』68: 65–84
菊池隆 2018「鎌倉市図書館におけるツイッターでの情報発信」『情報の科学と技術』68(4): 169–171
喜多明人 2017「不登校の子どものための教育機会確保法――その読み方」フリースクール全国ネットワーク・多様な学び保障法を実現する会編『教育機会確保法の誕生――子どもが安心して学び育つ』東京シューレ出版: 153–180
貴戸理恵 2004『不登校は終わらない』新曜社
貴戸理恵 2014「教育　子ども・若者と「社会」とのつながりの変容」小熊英二編『平成史【増補新版】』河出書房新社: 365–429
貴戸理恵・常野雄次郎 2005『不登校、選んだわけじゃないんだぜ!』理論社
木村元編 2020『境界線の学校史――戦後日本の学校化社会の周縁と周辺』東京大学出版会
木村涼子 1999『学校文化とジェンダー』勁草書房
木村涼子 2000「フェミニズムにおける公と私」『教育学研究』67(3): 302–310
木村涼子 2005「教育における「ジェンダー」の視点の必要性――「ジェンダー・フリー」が問題なのか」木村涼子編『ジェンダー・フリー・トラブル――バッシング現象を検証する』白澤社: 75–94
工藤宏司 1994「不登校研究の展望と課題」『公民論集』2: 29–54

黒崎勲 1996「市場のなかの教育/教育のなかの市場」森田尚人・藤田英典・黒崎勲・片桐芳雄・佐藤学編『教育学年報5 教育と市場』世織書房：25–54
黒崎勲 1997「学校選択＝複合的概念——藤田論文に接して再考すること」藤田英典・黒崎勲・片桐芳雄・佐藤学編『教育学年報6 教育史像の再構築』世織書房：377–408
黒崎勲 2004『新しいタイプの公立学校』日日教育文庫
後藤武俊 2019「学校外教育の公共性に関する考察——困難を抱える子ども・若者への包括的支援の観点から」『日本教育行政学会年報』45: 41–57
後藤武俊 2020「公教育の射程と困難を抱える子ども・若者への教育保障」大桃敏行・背戸博史編『日本型公教育の再検討——自由、保障、責任から考える』岩波書店：89–110
齋藤純一 2000『公共性』岩波書店
齋藤純一 2008『政治と複数性——民主的な公共性にむけて』岩波書店
齋藤純一編 2010『公共性の政治理論』ナカニシヤ出版
酒井朗 2007「新しい不登校児支援システムの構築に向けて——公的機関と民間機関との連携を視野に入れたシステム開発」『不登校児支援のための地域連携ネットワーク構築に関する研究』財団法人こども未来財団：35–38
佐川佳之 2009「フリースクール運動のフレーム分析」『〈教育と社会〉研究』19: 46–54
佐川佳之 2010「フリースクール運動における不登校支援の再構成」『教育社会学研究』87: 47–67

桜井智恵子 2016「(多様な) 教育機会確保法案が招く新自由主義の学校制度」『福祉労働』150: 16–26
桜井智恵子 2018「公教育における別々の「教育機会確保」という問題——1980–90年代岡村達雄の「擁護学校義務化」・「不登校政策」論をてがかりに」『教育と文化』91: 56–72
佐々木洋平 2001『市民が創る公立学校——「センセイ、つぎ何やるの?」から「わたし、これをやりたい!」へ』コモンズ
笹原恵 2003「男の子はいつも優先されている?——学校の「かくれたカリキュラム」」天野正子・木村涼子編『ジェンダーで学ぶ教育』世界思想社: 84–101
佐藤一子 2004「NPOの教育力と協働・参画型社会の構築」佐藤一子編『NPOの教育力 生涯学習と市民的公共性』東京大学出版会: 1–19
渋谷真樹 2002「アメラジアンスクールからみる新しい公共性の創出」『子ども社会研究』8: 92–106
志水宏吉 1996「学校=同化と排除の文化装置」『こどもと教育の社会学』岩波書店: 57–77
志水宏吉 2015「教育は誰のものか——格差社会のなかの「学校選び」」『教育学研究』82(4): 558–570
鈴木眞理 2015「学校教育と社会教育の制度的・原理的検討——連携という観点から」鈴木眞理・伊藤真木子・本庄陽子編著『社会教育の連携論——社会教育の固有性と連携を考える』学文社: 147–165
添田祥史 2018「夜間中学をめぐる動向と論点整理」『教育学研究』85(2): 196–205
宋美蘭編著 2021『韓国のオルタナティブスクール——子供の生き方を支える「多様な学びの保障」

へ』明石書店
高木光太郎 1996「実践の認知的所産」波多野誼余夫編『学習と発達』東京大学出版会：37–58
高田一宏 2019『ウェルビーイングを実現する学力保障』大阪大学出版会
高橋満 2009『NPOの公共性と生涯学習のガバナンス』東信堂
高山龍太郎 2019a「学校外で義務教育を可能にする法律とは何か」永田佳之編『変容する世界と日本のオルタナティブ教育——生を優先する多様性の方へ』世織書房：108–134
高山龍太郎 2019b「教育機会確保法の成立過程とその論点」永田佳之編『変容する世界と日本のオルタナティブ教育——生を優先する多様性の方へ』世織書房：135–171
滝口克典 2023「支援資源は地域でどう調達されているか——地方都市における〈居場所づくり〉実践のアイデンティティ・ワークを事例に」『社会文化研究』25: 155–175
武井哲郎 2016「不登校児童生徒への対応にフリースクールが果たす役割の変容——行政との連携による影響に着目して」『日本教育行政学会年報』42: 113–129
武井哲郎 2017『「開かれた学校」の功罪——ボランティアの参入と子どもの排除／包摂』明石書店
武井哲郎 2021「新しい日常における学習機会の多様化とその影響」『教育学研究』88(4)：545–557
武井哲郎・矢野良晃・橋本あかね編著 2022『不登校の子どもとフリースクール』晃洋書房
竹中烈 2016「フリースクールにおけるスタッフ・子ども・親の「感情統制の三極関係」」『人間関係学研究』21(1)：89–99

田中佑弥 2016「日本における「フリースクール」概念に関する考察――意訳としての「フリースクール」とその濫用」『臨床教育学論集』8: 23-39
辻正矩・藤田美保・守安あゆみ・中尾有里 2013『こんな学校あったらいいな――小さな学校の大きな挑戦』築地書館
恒吉僚子 1996「多文化共存時代の日本の学校文化」堀尾輝久ほか編『学校文化という磁場』柏書房：213-240
デモクラティック・スクールを考える会 2008『自分を生きる学校――いま芽吹く日本のデモクラティック・スクール』せせらぎ出版
寺町晋哉 2021『〈教師の人生〉と向き合うジェンダー教育実践』晃洋書房
徳岡輝信 1994「フリースクールの現在」岡村達雄・尾崎ムゲン編著『学校という交差点』インパクト出版会：86-113
永田佳之 2005『オルタナティブ教育――国際比較に見る21世紀の学校づくり』新評論
永田佳之 2019「多元的な教育社会の設計に向けて」永田佳之編『変容する世界と日本のオルタナティブ教育』：610-644
梨本雄太郎 1993「学習の場における「公共性」をとらえる視角」『日本社会教育学会紀要』29: 73-81
日本学術会議心理学・教育学委員会排除・包摂と教育分科会 2020「提言 すべての人に無償の普通教育を――多様な市民の教育システムへの包摂に向けて」

野宮大志郎 2002「社会運動の文化的研究の課題」野宮大志郎編著『社会運動と文化』ミネルヴァ書房：193–213
橋本あかね 2020『変容するフリースクール実践の意味――設立者のナラティブ分析から』明石書店
馬場久志 2016「教育機会確保法案をめぐって」全国登校拒否・不登校問題研究会編『登校拒否・不登校問題資料集』創風社：113–173
濱沖敢太郎 2020「勤労青少年教育における学校方式の問題――教育機会拡充をめぐる社会的力学」木村元編『境界線の学校史――戦後日本の学校化社会の周縁と周辺』東京大学出版会：81–110
ハヤシザキカズヒコ・中島葉子・山崎香織・浅田秀子 2009「ニューカマーの子どもに関わる〈連携・協働〉の地域比較研究――東海地域の外国人集住都市におけるマルチ・エージェンシー・ワークの事例研究より」『教育実践研究』17: 119–127
東村知子 2004「サポート校における不登校生・高校中退者への支援――その意義と矛盾」『実験社会心理学』43(2): 140–154
樋田大二郎 1997「「不登校を克服することで一段と成長する」――登校の正当性をめぐる言論のたたかい」今津孝次郎・樋田大二郎編『教育言説をどう読むか――教育を語ることばのしくみとはたらき』新曜社：185–206
樋田大二郎 2001「不登校現象からみる学校教育の変容――登校自明性の低下とパノプティコンの拡大」『教育社会学研究』68: 25–43

樋田大二郎 2010「不登校は公教育の責務で解決する」今津孝次郎・樋田大二郎『続・教育言説をどう読むか――教育を語ることばから教育を問いなおす』新曜社：214–243
平塚眞樹 2003「「市民による教育事業」と教育の公共性――「行政改革」下における教育 NPO の形成に着目して」『社会志林』49(4)：34–67
平塚眞樹 2004「学校教育における公共性の再編成とNPO」佐藤一子編『NPOの教育力 生涯学習と市民的公共性』東京大学出版：45–65
広瀬隆雄 1989a「教育運動に関する一考察――〈新しい教育運動〉の分析を中心にして」『東京大学教育学部教育行政学研究室紀要』9: 9–22
広瀬隆雄 1989b「変容する教育運動を探る――〈新しい教育運動〉の現状とその特質」岡村達雄編著『教育運動の思想と課題』評論社：179–218
広田照幸 2009「社会変動と「教育における自由」」広田照幸編『自由への問い5 教育』岩波書店：203–226
福嶋順 2007「社会教育における市民的公共性をめぐる論点と課題」日本社会教育学会編『日本の社会教育第51集 NPOと社会教育』東洋館出版社：115–126
藤田英典 1992「教育社会学におけるパラダイム転換論 解釈学・葛藤論・学校化論・批判理論を中心として」森田尚人・藤田英典・黒崎勲・片桐芳雄『教育学年報1 教育研究の現在』世織書房：115–160

藤田英典 1993「教育の公共性と共同性」森田尚人・藤田英典・黒崎勲・片桐芳雄・佐藤学編『教育学年報2　学校＝規範と文化』世織書房：3–33
藤田英典 1996「教育の市場性／非市場性――「公立中高一貫校」「学校選択の自由」問題を中心に」森田尚人・藤田英典・黒崎勲・片桐芳雄・佐藤学編『教育学年報5　教育と市場』世織書房：55–95
藤田英典 1997a「「教育における市場主義」批判――黒崎氏の反論に応えて」藤田英典・黒崎勲・片桐芳雄・佐藤学編『教育学年報6　教育史像の再構築』世織書房：409–455
藤田英典 1997b『教育改革――共生時代の学校づくり』岩波書店
藤田英典 1999a「ジェンダー問題の構造と〈女性解放プロジェクト〉の課題」藤田英典・黒崎勲・片桐芳雄・佐藤学編『教育学年報7　ジェンダーと教育』世織書房：5–68
藤田英典 1999b「問われる教育の公共性と教師の役割――教育改革のゆくえ」油布佐和子編『教育の現在・教職の未来――あすの教師像を模索する』教育出版株式会社：180–214
藤田英典 2005『義務教育を問いなおす』筑摩書房
藤根雅之 2019「オルタナティブスクール・フリースクール研究に関する文献検討――オルタナティブ教育研究が位置づく知識構造と社会運動としての捉え直し」『大阪大学教育学年報』24: 97–110
藤根雅之 2023「法制度に基づく権利保障の議論の陥穽――立法プロセスにおける「問い直し」の周辺化と排除」『九州教育学会研究紀要』50: 27–35

藤根雅之・橋本あかね 2016「オルタナティブスクールの現状と課題――全国レベルの質問紙調査に基づく分析から」『大阪大学教育学年報』21: 89-100
藤村晃成 2015「フリースクールの子どもによる「進学」の意味づけ」『教育学研究紀要』61: 43-48
藤村晃成 2018「フリースクールからの大学進学をめぐるジレンマ――大学進学がもたらす光と影」『子ども社会研究』24: 115-132
干川剛史 1993「生活世界の植民地化と抵抗の潜在力――ハーバーマスと新しい社会運動」佐藤慶幸・那須壽編著『危機と再生の社会理論』マルジュ社：177-93.
本郷正武 2007『HIV／AIDSをめぐる集合行為の社会学』ミネルヴァ書房
前島康男 2017「登校拒否・不登校問題と教育機会確保法――私たちにできることは何か」全国登校拒否・不登校問題研究会『登校拒否・不登校問題のこれからを考えよう』生活ジャーナル：4-24
前島康男 2018「教育機会確保法成立その後――3年後見直しを見据えた理論的・実践的課題について」全国登校拒否・不登校問題研究会『登校拒否・不登校問題のこれからを考えよう その2』生活ジャーナル：98-108
丸山啓史 2018「障害者福祉と学校教育の連携――放課後等デイサービスに焦点を当てて」『社会保障研究』2(4)：512-524
丸山英樹・太田美幸編 2013『ノンフォーマル教育の可能性――リアルな生活に根ざす教育へ』新評社

南出吉祥 2016「フリースクールの位置づけをめぐる教育実践運動の課題」『〈教育と社会〉研究』26: 77–89
宮寺晃夫 2014『教育の正義論――平等・公共性・統合』勁草書房
本山敬祐 2014「不登校対策における教育行政と「フリースクール」の協働形成過程」『東北教育学会研究会紀要』17: 15–28
森田次朗 2022「不登校問題からみた福祉／教育の境界と子どもの自由――ケイパビリティ・生きづらさの仕分け・フリースクール」『福祉社会学研究』19: 51–70
森田洋司 1991『「不登校」現象の社会学』学文社
山下耕平 2009『迷子の時代を生き抜くために――不登校・ひきこもりから見えてくる地平』北大路書房
山田銀河 2017「不登校支援における連携ネットワークとアクター間の関係――「神奈川県学校・フリースクール等連携協議会」の事例から」『東京大学大学院教育学研究科教育行政学論叢』37: 145–162
山田浩之 2009「ボーダーフリー大学における学生調査の意義と課題」『広島大学大学院教育学研究科紀要 第三部』58: 27–35
山本宏樹 2016「教育機会確保法案の政治社会学――情勢分析と権利保障実質化のための試論」『〈教育と社会〉研究』26: 5–21

横井敏朗 2018「教育機会確保法制定論議の構図——学校を超える困難」『教育学研究』85(2): 186–195

吉田敦彦 2022『教育のオルタナティブ』せせらぎ出版

Benford, Robert D. 1993 “Frame Disputes within the Nuclear Disarmament Movement,” *Social Forces*, 71(3): 677–701.

Benford, Robert D. 1997 “An Insider's Critique of the Social Movement Framing Perspective,” *Sociological Inquiry*, 67(4): 409–430.

Benford, Robert D. and David A. Snow 2000 “Framing Processes and Social Movements: An Overview and Assessment,” *Annual Review of Sociology*, 26: 611–639.

Best, Joel 2017 *Social Problems 3rd Edition*, W. W. Norton & Company.（赤川学監訳 2020『社会問題とは何か——なぜ、どのように生じ、なくなるのか？』筑摩書房）

Ellingson, Stephen 1995 “Understanding the Dialectic of Discourse and Collective Action: Public Debate and Rioting in Antebellum Cincinnati,” *American Journal of Sociology*, 101(1): 100–44.

Fraser Nancy 1993 “Rethinking the Public Sphere?: A Contribution to the Critique of Actually Existing Democracy,” Craig Calhoun ed., *Habermas and the Public Sphere*, The MIT Press.（山本啓・新田滋訳 1999「公共性の再考——既存の民主主義の批判のために」『ハーバマスと公共圏』未來社：117–159）

Ibara, Peter, R. and Kitsuse, John, L. 1993 "Vernacular constituents of moral discourse: An interactionist proposal for the study of social problems," James, A. Holstein and Gale, Miller, eds., *Reconsidering Social Constructionism*, Aldine de Gruyter, 25–58.（中河伸俊訳 2000「道徳的ディスコースの日常言語的な構成要素――相互作用論の立場からの社会問題研究のための一提案」平英美・中川伸俊編『構築主義の社会学―論争と議論のエスノグラフィー』世界思想社：46–104）

McCammon, H. J. and Nella Van Dyke 2010 "Applying Qualitative Comparative Analysis to Empirical Studies of Social Movement Coalition Formation," Nella Van Dyke and Holly J. McCammon eds., *Strategic Alliances: Coalition Building and Social Movements*, University of Minnesota Press, 292–315.

Melucci Alberto 1989 *Nomads of the Present: Social Movements and Individual Needs in Contemporary Society*, Temple University Press.（山之内靖・貴堂嘉之・宮崎かすみ訳 1997『現在に生きる遊牧民』岩波書店）

Melucci Alberto 1996 *Challenging Codes: Collecting Action in the Information Age*, Cambridge University Press.

Snow, David A. 2004 "Framing Processes, Ideology, and Discursive Fields," David A. Snow, Sarah A. Soule and Hanspeter Kriesi eds., *The Blackwell Companion to Social Movements*, Blackwell Publishing Ltd, 380–412

Snow, David A. and Scott C. Byrd 2007 "Ideology, Framing Processes, and Islamic Terrorist Movements," *Mobilization: An International Quarterly*, 12(2): 119–136.

Spector, Malcom and Kitsuse, John, I. 1977 *Constructing Social Problems*, Benjamin-Cummings Publishing Company.（村上直之・中川伸俊・鮎川潤・森俊太郎訳 1990『社会問題の構築――ラベリング理

論をこえて』マルジュ社)

Van Dyke, N. and Holly J. McCammon 2010 "Social Movement Coalition Formation," Nella Van Dyke and Holly J. McCammon eds., *Strategic Alliances: Coalition Building and Social Movements*, University of Minnesota Press, pp. xi–xxviii.

Wong, So Fei 2007 "Reframing FUTOKO (School Non-Attendance) in JAPAN: a Social Movement Perspective," Thesis submitted for the degree of Doctor of Philosophy in University of Adelaide.

おわりに

本書は、二〇二〇年三月に大阪大学大学院人間科学研究科より学位を授与された博士論文をもとに、大幅に加筆修正したものである。本書ならびに博士論文は以下の既出論文をもとに加筆修正の上構成されている。

第4章　藤根雅之 2019「オルタナティブスクールの連携の技法——傘となる集合行為フレームの創発過程」『教育社会学研究』104: 237–257
第5章　藤根雅之 2015「オルタナティブスクールの組織間ネットワークと市民的公共性」『社会教育学研究』51(2): 45–54

また文章としての原型をとどめているとは言い難いが、本書の内容のもととした論稿として下記の既出論文がある。

第2章　藤根雅之 2021「「教育の公共性」論の再検討」『大阪大学大学院人間科学研究科紀要』

47: 1–23

本書ならびに博士論文のもととなった研究は、ＪＳＰＳ科研費17H06831、20K13929、24531209、25381157、16K04780、20K02440による成果の一部である。
本書の出版にあたっては、関東学院大学人文科学研究所出版助成を受けた。

本書は、多くの方々の支えがあって成り立ったものです。感謝申し上げます。本来なら、お世話になった方々のお名前をあげて感謝の意を示すべきだと思います。しかしながら、つながりを大切にするという行為や、つながりを社会に広く示す行為が、そのつながりがない人を排除するような動きとなる、そういったことが大きく起こっていると思えてなりません。そのため、お名前をあげての感謝の表明は、書籍の上では控えさせていただくことをご了承ください。さようなら。

藤根雅之

事項索引

人名索引

藤根雅之（ふじね　まさゆき）
博士（人間科学）、関東学院大学社会学部現代社会学科准教授、専攻：教育社会学、社会運動論。
香川県生まれ、京都外国語大学外国語学部英米語学科卒業、大阪大学大学院人間科学研究科博士後期課程単位取得退学、大阪大学大学院人間科学研究科助教、美作大学生活科学部児童学科講師を経て現職。
［主要業績］
「学校の外でも学び・過ごせるために 学校に行けない・行かない子の権利の保障を考える」『ふらっとライフ それぞれの「日常」からみえる社会』（分担執筆、北樹出版、2020年）
「制度の外で活動する学びの場を制度化する上でのジレンマ——フリースクールのローカルなリテラシー実践から」『社会的困難を生きる若者と学習支援——リテラシーを育む基礎教育の保障に向けて』（分担執筆、明石書店、2016年）
「オルタナティブスクールの連携の技法——傘となる集合行為フレームの創発過程」（『教育社会学研究』第104集、2019年）
「オルタナティブスクールの組織間ネットワークと市民的公共性」（『社会教育学研究』第51巻、第2号、2015年）

オルタナティブ教育運動の社会学
ネットワークのダイナミズムと公共性への挑戦

2024年3月29日　初版第1刷発行

著　者　藤根雅之
発行者　中西　良
発行所　株式会社ナカニシヤ出版
〒606-8161　京都市左京区一乗寺木ノ本町15番地
TEL 075-723-0111　　FAX 075-723-0095
http://www.nakanishiya.co.jp/

装幀＝宗利淳一デザイン
印刷・製本＝創栄図書印刷

ISBN978-4-7795-1800-3　　C0036

教育芸術を担う
シュタイナー学校の教師たち
井藤 元

シュタイナー学校の教師たちは、どのような思いで教育に臨んでいるのか。シュタイナー教育の担い手である教師たち22名へのインタビューを通じて、シュタイナー学校における日々の教育実践のあり方を紹介。

二五〇〇円＋税

生活史論集
岸 政彦 編

生活史、あるいは生活史の語りとは、個人の生い立ちと人生の語りである――一〇人の社会学者による「生活史の語り」に基づくさまざまな論文を収録。現在の日本語圏における、社会学的質的調査の最前線。

三六〇〇円＋税

労働法批判
アラン・シュピオ／宇城輝人訳

法の地平に労働が姿を現すとき――広大な人間的営みのなかに「労働」をとらえなおし、労働法の理路と未来を明らかにするアラン・シュピオの主著。「労働」をその根底から哲学的に考察する。

四四〇〇円＋税

日本の社会政策
第3版
久本憲夫・瀬野陸見・北井万裕子

労働、雇用、年金、医療、障害・介護、生活保障、少子高齢化、ワーク・ライフ・バランスなど、現代日本の直面する様々な社会問題の現状と最新の政策動向を体系的かつトータルに解説する決定版。

三四〇〇円＋税